취업 성공에 필요한
10가지 핵심 역량

취준생
컴피턴시

유재천 코치 지음

취업 성공에 필요한
10가지 핵심 역량

취준생

컴피턴시

유재천 코치 지음

취업 준비,
어떤 역량으로 하느냐에 따라
결과가 다르다!

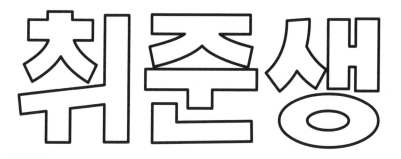

STOREHOUSE

취업 준비,
어떤 역량으로 하느냐에 따라 결과가 다르다!

취업은 늘 어렵습니다. 우리나라의 경제 발전 초기에 인력이 많이 필요했던 시기를 제외하면, 21세기 들어 취업이 쉬웠던 적은 단연코 없었습니다. 수요자와 공급자 간 구조적인 미스 매칭이 있었습니다. 그리고 수요자의 요구 수준이 점점 높아지며 취업은 점점 더 힘들어지고 있습니다. 취업이란 원래 어려운 것입니다. 사실 어려운 부분만 생각하면 답이 없습니다. 어렵지만 어떻게 해야 할지 고민해야 합니다.

그런데 '취준생' 여러분은 중간고사와 기말고사 준비는 열심히 하면서, 정작 취업 준비는 제대로 하지 않습니다. 당장 해야 할 것들이 많긴 하겠지만 냉철하게 비교해서 생각해야 합니다. 과연 취업을 제대로 준비해본 적이 있는지 생각해봐야 합니다. 물론 학점에 큰 영향을 미치는 시험은 중요합니다. 과제 역시 중요합니다. 하지만 취업에 필요한 실제적인 역량이 더욱 중요합니다.

취업 준비생은 취업에 있어 무엇이 중요한지 알기 어렵습니다. 중간고사와 기말고사 그리고 학점은 기본입니다. 기본을 넘어서 취업에 필요한 다른 것들에 대해서도 관심을 갖기 시작할 때 비로소 무엇이 중요한지 알게 됩니다. 하지만 그때는 시간이 넉넉하지 않습니다.

자신이 설정한 취업의 마지노선까지 남아 있는 시간을 고려하여, 눈앞에 해야 할 것들이 많더라도 더 멀리 보고 취업에 필요한 역량도 함께 준비해야 합니다. 준비하지 않으면 졸업반이 되어 미래에 대한 막연한 두려움과 몰려오는 압박감에 심하게 휘둘립니다. 또한 미리 준비하지 않은 생소한 채용 프로세스를 처음 만나 당황합니다. 이렇게 마지막 학기를 보낸 후에 후회와 아쉬움으로 졸업식을 맞이하게 될 확률이 높습니다. 준비하는 과정에서부터

결승선을 보고 무엇이 필요한지 반영해야 합니다. 그래야 제한된 시간을 효과적으로 활용해 원하는 목표에 도달할 수 있습니다.

교육 비즈니스에서 수많은 취업 준비생을 만나며 취업에 필요한 것들을 함께 고민하고 도움을 주려고 오랫동안 노력했습니다. 여러 가지 준비 중에서 가장 중요한 것은 취업에 필요한 역량을 사전에 갖추는 것이었습니다. 그러나 미리 준비하는 취업 준비생은 거의 없었습니다. 물론 해야 할 것들이 너무 많기도 합니다. 우리나라와 대학 교육의 구조적인 문제들도 많습니다. 하지만 능동적이고 적극적으로 준비하는 취준생이 드물다는 것 역시 사실입니다. 구조적인 문제는 현실입니다. 같은 현실에서 현명한 준비를 하는 사람이 원하는 결과를 얻을 수 있습니다.

취업에 필요한 역량을 준비할 때 누군가가 체계적으로 알려주지 않습니다. 학교는 비교과 수업이나 프로그램을 통해서 취업에 필요한 역량 향상을 돕지만 일부 학생들만 도움을 받습니다. 학생 스스로가 먼저 취업에 관심을 갖고 필요한 역량을 갖추면 좋겠다는 마음에서 이 책을 집필했습니다. 취업 준비에 필요한 역량을 갖출 수 있도록 돕는 기본서로써, 이 책이 대한민국의 많은 취준생에게 도움이 되길 희망합니다.

다시 말해 이 책의 목적은 취준생 여러분이 취업 준비를 능동적이고 적극적으로 할 수 있도록 돕는 것입니다. 이를 위해 취업 준비에 필요한 10가지 핵심 역량을 체계적으로 정리했습니다. 무엇이 중요한지 쉽게 파악할 수 있는 내용과 함께 구체적으로 실행할 수 있는 방법도 포함했습니다.

누가 대신 진로를 선택해주거나 취업 준비를 대신해주지 않습니다. 지금부터 이 책과 함께 '제대로' 준비해봅시다. 여러분의 대학 생활, 여러분의 취업 준비 과정과 마인드가 달라질 것입니다. 나아가 결과도 달라질 것입니다. 이 책이 여러분이 원하는 결과를 이끌어내는 데 길잡이가 되길 기원합니다.

2021년 봄, 유재천 코치

Choice
선택 역량

선택의 중요성 : 16년 만의 선택

사람들은 초등학교부터 대학교까지 14년에서 16년 동안 학교에 다닌다. 이렇게 긴 기간 동안 열심히 학교에 다니며 준비해왔는데 인생의 중요한 선택인 취업을 대충 해선 안 된다. 인생에는 여러 중요한 선택이 있지만 대학에 와서 사회에 진입하기 위한 선택을 하는 건 무엇보다 중요하다. 그동안 투자한 시간과 노력이 아깝지 않은가? 시간과 노력뿐만 아니라 비용도 많이 들어갔을 것이다. 절대로 대충할 선택이 아니다.

인생은 'BBirth와 DDeath 사이의 CChoice'라는 말이 있다. 여기서 진짜 C는 '치킨Chicken'이라고 농담 삼아 웃어넘길 일이 아니다. 현재의 나는 지금까지 내가 선택한 결과의 합이다. 미래의 나 역시 계속해서 자신이 선택한 결과의 합이 될 것이다. 어떤 미래를 만들지, 미래에 어떤 내가 될지는 철저하게 당신의 선택에 달려 있다. 여러 가지 선택 가운데 되돌리기 힘들고 인생에 큰 영향을 미치는 중요한 선택이 있다. 그런 선택은 '예' 혹은 '아니오'로 답할 수 있는 단순한 것이 아니다. 사회에 진입하는 첫 단계인 직업과 직무 선택이야말로 바로 그런 중요한 선택이다.

길게는 16년의 준비 과정을 거친 첫 선택을 섣불리 하지 않기 위해서는 먼저 선택의 의미와 중요성을 다시 생각해봐야 한다. 당신은 대학에 와서 계속해서 중요한 선택을 해나가고 있다. 그런데 대학 생활을 마치고 사회로 처음 진입하는 단계에서는 어떤 선택을 할 것인가? 졸업 시기가 되면 그때 생각해보겠다는 게으른 선택은 멀리 보내버리고 지금 당장 생각해보자.

선택을 잘하기 위해서는?

선택의 중요성을 다시 진지하게 생각하는 자세

선택을 잘하기 위해 우선 필요한 것은 앞서 살펴보았던 선택의 중요성을 다시 진지하게 생각하는 자세다. 선택에 대해서 책임감을 가지고 자신의 인생에 적용해야 한다. 자신의 인생을 사랑하는 만큼 책임감을 가져야 한다.

책임감을 가진다는 것은 적당히 넘기는 것이 아니라 충분히 생각할 시간을 가진다는 의미다. 그리고 필요한 것이 무엇인지 더욱더 생각하고 알아봐야 한다. 이러한 자기 반응이 중요하다. 그렇지 않으면 표면적인 재미만 찾다가 대학 생활이 다 가버린다. 마찬가지로 인생의 시간도 그렇게 흘러갈 것이다. 영어로 '책임감'을 뜻하는 'Responsibility'의 앞부분이 '반응'을 뜻하는 'Response'인 이유다. 선택을 잘하기 위해 정말 중요한 첫 단계는 바로 자신의 선택에 반응하는 것이다.

$$Responsibility = Response + Ability$$

선택에 필요한 것들을 '아는 것'

다음 단계에 필요한 것은 '아는 것'이다. 알아야 선택할 수 있다. 맛있는 음식을 선택할 때 먼저 떠올리는 것은 자신이 아는 음식의 맛이다. 모르는 음식을 선택할 때 역시 음식에 들어간 재료를 살펴보거나 음식의 사진을 본다. 프로세스 과정에서 '입력Input'이 있어야 '출력Input'이 있는 것처럼, 선택의 과정에서도 '입력Input'을 통해 내가 참고할 만한 것들에 대해서 관심을 가지고 아는 것이 중요하다.

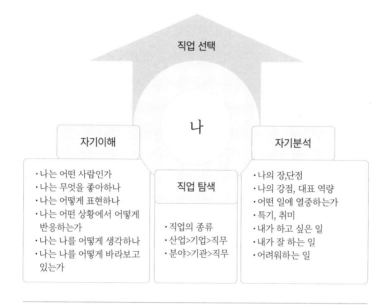

알아야 할 것들을 정리하면 크게 두 가지로 나눌 수 있다. 첫째로 자신에 대해 알아야 한다. 자신을 아는 것은 자아상, 자아정체성, 가치관 등 다양한 면이 있겠지만, 간단하게 정리하면 '자기이해'와 '자기분석'이 필요하다. 자기이해는 자신을 어떤 사람이라고 생각하는지, 어떻게 표현할 수 있을지, 어떤 상황에서는 어떤 면이 드러나는지, 무엇을 중요하게 생각하는지 등에 관한 것이다. 자기분석은 장점, 강점, 역량 등을 말한다. 또 자기분석에는 지금까지 자신이 선택해온 정보들도 포함된다. 예를 들어 현재 자신의 전공, 결과나 성과가 좋았던 과목 같은 것들이다.

둘째로 상대에 대해 알아야 한다. 상대는 내가 나아갈 방향이다. 일하고 싶은 산업 분야와 기업에 대한 정보부터 선택할 직업 또는 직무에 대한 정보가 여기에 속한다. 이러한 것들에 대해서 자신이 리서치Research를 해야 한다. 적당한 조사가 아닌 철저한 조사를 해야 한다. 그동안 학교 과제를 위해 조사를 했다면, 이제는 자신이 나아갈 방향에 대해서 더 깊은 조사를 해야 한다. '조사하다'의 영어 'Research'가 탐색Search를 여러 번 하라는 의미라는 점을 상기할 필요가 있다.

Research = Re + Search

선택을 위해 알아본 것들을 노트에 '적는 것'

선택을 잘하기 위한 마지막 준비 단계에 필요한 것은 바로 '적는 것'이다. 탐색과 조사를 많이 한다고 하더라도 일반적으로 적당히 살펴보거나 고개만 끄덕이고 넘어가는 경우가 많다. 여기서 한 발짝 더 나아가 노트에 적고 다시 살펴보며 더 필요한 것들을 또다시 조사해보는 과정이 필요하다. 소위 말해서 '눈팅'만 하면 남는 게 없다. 특히 처음 접하는 정보가 많을 때는 이해가 안 가는 내용을 받아들이기도 어렵고 피로감이 쉽게 오기 때문에 더욱 남는 것이 없다. 따라서 내가 나아갈 방향에 대해서 조사할 때는 무엇이든 옮겨 적어야 한다. 그리고 다시 꺼내 보면서 더 필요한 것은 무엇이 있는지, 그때 나에게 드는 생각은 무엇인지, 또 어떤 것들을 연결해서 생각해볼 필요가 있는지와 같은 질문을 던지고 스스로 생각하는 과정이다.

그동안 학교에 다니면서 수많은 시험을 보았다. 시험 공부를 위해서 사용한 연습장과 노트를 생각해보라. 아마도 키 높이보다 더 높을 것이다. 그렇게 많은 노트를 썼으면서 정작 정말로 중요한 나의 미래를 위한, 나를 위한 노트 한 권 쓰지 않았다는 것은 슬픈 일이다. 키 높이만큼 노트를 쌓으며 노력했는데, 그중 나 자신에 대한 내용은 얼마나 되는가. 너무나 미약하다. 그렇기 때문에 자신에 대해 글을 쓰거나 말해보라고 할 때 아마도 당신은 당황할 것이다. 나에 대해서 제대로 알아보고 이를 노트에 적어보자. 오늘부터라도 좋다. 노트 한 권 마련해 곧바로 적어보자. 중요한 선택의 시점마다 당신 인생에 큰 도움이 되는 보물이 될 것이다.

Organization

취업 준비 전략 수립
및 계획 역량

취업 준비 핵심 전략 세 가지

"전략이 무엇이라고 생각하나요?"

만약 면접에서 이와 같은 질문을 받았다면 당신은 어떻게 대답하겠는가? 회사가 중요하게 생각하는 전략에 대해서 어떤 말을 하면 좋을까? 우리는 현대 사회를 살아가면서 '전략'이라는 말을 많이 듣는다. 뉴스와 신문에서, 책과 회의에서 등등 다양한 곳에서 빈번하게 쓰이는 말이 '전략'이다. 어떤 일을 이루기 위한 준비 단계에서 수립하는 계획을 전략이라고 하는데, 결과를 잘 만들기 위해서는 전략이 꼭 필요하다. 특히 기업은 경쟁을 통해 생존해야 하기 때문에 전략 수립을 중요하게 여긴다. 지원자 역시 기업 조직의 구성원이 될 것이기 때문에, 조직적으로 사고하는 관점을 갖췄는지 묻기 위한 의도로 이런 질문을 하는 것이다.

이러한 전략은 취업 준비에도 중요하다. 어떻게 취업 준비를 하느냐에 따라 결과가 달라진다. 우리가 가진 시간은 한정적이다. 대학에 입학하고 사회로 진입할 때까지 물리적인 시간은 정해져 있다. 따라서 주어진 시간을 어떻게 활용하느냐에 따라, 즉 전략에 따라 결과가 달라진다. 취업 준비 전략을 수립하는 것은 성공적인 취업을 위해 필요한 중요한 역량이다.

전략을 재정의해보면 '지금 나에게 무엇이 중요한지 아는 것'이라고 할 수 있다. 한정적인 시간을 잘 활용하려면 무엇이 중요한지 알아야 하고, 중요도에 따라 최적의 시간을 활용해야 원하는 결과를 얻을 수 있다. 취업을 위해 무엇이 중요한지 세 가지 핵심 전략을 살펴보자.

취업 준비 핵심 전략 1
스스로 큰 그림을 그릴 것

준비 없이 취준생이 되면 불안하다. 취업 능력, 즉 취업에 필요한 역량을 갖추지 않았기 때문에 두렵다. 원래 불안했다면 더 불안해진다. 대학에서 별다른 준비 없이 어느덧 졸업 학년이 되었다고 느끼는 경우가 많다. 취업은 하고 싶은데 전략과 방법을 모르겠다는 푸념을 늘어놓으며 시간을 흘려버린다. 구조적인 문제나 상황 탓을 하기도 한다. 또는 준비 없이 공채 또는 수시 채용에 지원했다가 계속해서 실패하는 경우도 많다. 취업 준비를 하기 위해서 '잡코리아'나 '사람인' 같은 취업 포털사이트에만 의지한다. 하지만 30분 정도 클릭을 반복하다가 자괴감을 느낀다. 내가 무엇을 하고 있는 건지 모르겠고 어떻게 해야 할지는 더 모르겠다는 생각이 든다. 왜 그럴까?

그 이유는 기준이 없어서다. 자신이 가고자 하는 방향이나 목표가 없기 때문이다. 막연하게 취업을 원하고 적당한 아무 기업에나 합격하면 좋겠다는 생각이 원인이다. 우리 과의 어떤 선배가 어디에 취업했는데, 나도 그랬으면 좋겠다는 막연한 생각이 지금의 방황과 두려움을 만들어낸 것이다.

취업을 준비할 때 방황을 없애기 위해서는 기준이 필요하다. 즉 스스로 큰 그림을 그릴 줄 알아야 한다. 전공을 활용한다면 해당 전공으로 어떤 산업, 기업, 직무로 취업을 준비할 것인지 우선순위를 정해야 한다. 만약 공공기관이라면 어떤 기관, 분야, 직무인지 미리 생각해보고 정리해야 한다. 우선순위는 여러 개일 필요는 없다. 무조건 가고 싶은 기업이나 기관이 있다면 1순위만 두고 준비해도 괜찮다. 하지만 기회의 측면에서 봤을 때 몇 개의 우선순위가 있으면 전략적으로 유리하다. 또한 본격적인 취업 준비를 시작하면 관련되어 있는 산업이나 기업 혹은 직무에 지원할 수도 있다.

이렇게 준비하는 것은 그저 취업 포털사이트에 올라오는 채용공고만 보고 지원하는 것과 큰 차이가 있다. 우선순위를 갖고 능동적으로 미리 분석을 하고 준비하기 때문에 자기소개서나 면접에서의 표현법 또한 달라진다. 더불어 취업 준비 과정에서 효과적으로 시간을 활용할 수 있다. '눈팅'만 하는 것이 아니라 '오늘은 1순위에 있는 산업에 대해서 1시간 정도 분석을 해야겠다'라는 목표를 설정하고 시간을 투자할 수 있게 된다. 전공 프로젝트와 조별 과제, 어학 공부와 자격증 준비 등 할 것들이 많기 때문에, 하루 일과에 취업 준비를 위한 시간을 효율적으로 계획할 수 있어야 한다. 이렇게 해야만 본격적으로 입사 지원을 많이 하는 시기에 새롭게 생긴 목표 기업에 대해서 단기간에 분석하고, 이를 자기소개서나 면접에서 효과적인 표현으로 활용할 확률 또한 높아진다.

구체적인 방법으로 다음과 같이 우선순위를 매트릭스Matrix로 정리해보자. 산업, 기업, 직무 혹은 분류, 기관, 직무로 당신이 원하는 취업의 우선순위를 표기해보자.

산업(분류) > 기업(기관) > 직무 Matrix 작성

전공	산업/분류	기업/기관	직무

산업, 기업, 직무 분석 방법은 'Take information. 정보 분석 및 분석 역량' 장에서 자세히 살펴보겠지만, 우선 참고할 수 있는 방법을 소개한다. 보통 산업에 대한 우선순위를 정하기 어렵기 때문에 선택에 참고할 수 있는 자료가 필요하다. 통계청의 일자리 행정통계에서 산업 대분류나 중분류를 참고할 수도 있지만 복잡한 편이다. 간편하게 참고할 수 있는 건 포털사이트의 증권 분야다. 예를 들어 포털사이트 네이버의 증권 분야를 보는 것이다. 스마트폰을 통해서 접속하면 네어버 앱, 네이버 금융, 국내 증시 순서로 터치하면 된다. 국내 증시 안에는 다양한 카테고리가 있는데, 먼저 확인할 구분은 '업종'이다. 제약, 건설, 광고, 식품, 철강, 자동차, 반도체와 반도체 장비 등 다양한 산업 구분을 참고할 수 있다. 또 '테마' 카테고리를 통해 살펴보면 더 세분화된 산업 구분을 볼 수 있다.

구분된 산업을 누르면 해당 구분에 포함된 기업들이 나온다. 물론 증권시장에 상장된 회사들이 나오지만 기본적인 분류표로 참고하기에 좋다. 당신이 가고 싶거나 갈 수 있는 산업군을 눈여겨보고 어떤 기업이 있는지 살펴보기에 유용하다.

산업 구분은 당신의 선택에 생각보다 훨씬 중요하다. 왜냐하면 나중에 당신이 이직을 하거나 창업을 할 수도 있기 때문이다. 커리어 관리 측면에서 보면, 첫 직장에서 어떤 커리어를 쌓았는지에 따라 이직이나 관련된 경력 설계가 완전히 달라질 수 있다. 또 직장에서 일을 시작하고 일정 시간이 지나면, 당신이 어떤 분야에서 일하는지가 당신의 자아정체성에도 영향을 미치기 때문에 매우 중요하다. 당신의 미래에 커다란 영향을 미칠 부분이기 때문에 향후 전망도 좋고 비전도 있어야 하지 않겠는가. 무조건 취업만 되길, 혹은 어떤 분야든지 상관없다는 생각 대신, 적어도 당신이 선택할 수 있는 우선순위를 꼭 따져보자.

산업군을 보며 해당 산업에 포함된 기업을 살펴보고 홈페이지도 들어가 보자. 그리고 채용공고를 찾아보는 것이 순차적으로 해야 할 일이다.

우리나라의 기업 분류에서 대기업은 전체 기업의 1퍼센트 미만이다. 중견, 중소기업이 99퍼센트 이상이다. 자신의 취업 우선순위에 대기업도 있겠지만, 플랜 B, C도 같이 고려한다면 경쟁력 있는 중견, 중소기업도 살펴보자.

중견기업을 살펴보는 방법은 대표적으로 중견기업 정보마당 www.mme.or.kr을 통해서다. 해당 홈페이지에서 중견기업 확인서 메뉴 중 발급정보 공개를 보면 검색할 수 있다. 다음으로 한국수출입은행 홈페이지www.koreaexim.go.kr에서 히든챔피언사업 부분에서 찾아볼 수 있다. 히든챔피언사업은 한국수출입은행이 기술력과 성장 잠재력이 높은 중견, 중소기업을 발굴해서 지원하는 사업이다.

만약 특정 상품 영역에서 경쟁력 있는 기업을 찾고 싶다면 세계일류상품현황www.wcp.or.kr에서 검색이 가능하다. 한편 기본적으로 취업 포털사이트인 잡코리아에서도 원하는 조건으로 편리하게 검색할 수 있다. 지역별, 산업별, 직무별, 기업의 형태별로 다양하게 구분해서 볼 수 있다. 채용 정보 분류에서 살펴보면 되고, 여기에 전문채용관 부분에서 살펴보면 구체적인 분류도 참고하기 좋다.

공공기관 취업을 원하는 경우에도 어떤 공공기관이 있는지 알아봐야 선택할 수 있다. 공공기관에 대한 정보는 알리오 사이트 www.alio.go.kr를 참고하면 된다. 공공기관이란 정부가 투자나 출자 또는 정부의 재정 지원 등으로 설립 및 운영되는 기관을 말한다. 우리나라에는 생각보다 공공기관이 많다. 우리나라에는 350여 곳의 공공기관이 있는데, 일정 요건을 기준으로 기획재정부 장관이 매년 지정한다. 공공기관은 공기업(시장형·준시장형), 준정부기관(기업관리형·위탁집행형), 기타 공공기관 등으로 분류된다. 알리오사이트에서는 공공기관 현황을 다운로드받아서 열람할 수 있다.

    어떤 공공기관이 있는지 살펴보고, 마찬가지로 우선순위를 정해 해당 공공기관의 채용공고도 보며 어떤 직무로 지원할 것인지 큰 그림을 그려야 한다.

공공기관 채용정보는 잡알리오job.alio.go.kr에서 원하는 조건별
로 쉽게 검색할 수 있다. 채용 분야, 근무지, 고용 형태, 학력 정보
등의 조건을 선택해서 현재 채용정보 검색이 가능하다.

취업 준비 핵심 전략 2
준비 과정의 모든 정보를 집약하라

앞서 선택을 잘하기 위해서 필요한 것들을 노트에 적는 방법을
추천했다. 이 방법은 선택 과정에서도 중요하고, 취업 준비 과정에
서도 중요하다. 당신이 선택할 것들의 '입력Input'을 정리하는 과정인
데, 노트에는 선택의 과정에서 필요한 정보를 기록할 뿐만 아니라
취업을 준비하는 과정의 모든 정보도 집약해서 기록하길 바란다.

기록의 이유는 다시 보기 위함이다. 다시 살펴보는 이유는 무엇이 중요한지 파악하고 관련된 생각이나 의견을 새롭게 발생시키기 위해서다. 당신이 진입할 기업은 당신에게 기업에 대한 정보를 많이 요구하진 않는다. 왜냐하면 구체적인 정보는 면접관이 더 많이 알고 있기 때문이다. 그보다는 다음과 같은 질문을 당신에게 할 것이다.

"그래서 어떻게 생각하세요?"

기업이 궁금한 것은 당신의 의견이다. 의견 안에 생각과 고민이 담겨 있어야 한다. 생각과 고민이 결국 진짜 지원동기가 되기 때문이다. 기업은 당신이 제시하는 의견을 통해서 지원동기를 파악한다. 지원동기를 구체적으로 표현하기 위한 방법은 'Expression. 표현하는 역량' 부분에서 알아보고, 여기에서는 취업 준비 전략으로 의견의 중요성을 먼저 살펴보자.

의견은 갑자기 나오지 않는다. 더욱이 회사를 다녀보거나 조직 생활을 해보지 않은 상태에서 해당 산업, 기업, 직무에 대해 조사하면 초기에는 제대로 이해하는 것조차 어려울 가능성이 높다. 조사하는 과정에서 얻은 정보를 적고 다시 보고 또 찾아봐도 자기 의견을 표현하기가 쉽지 않다. 해당 산업에 종사해본 것도 아니고 그 회사에 다녀본 경험도 없기 때문에 당연히 어렵다. 그래서 동기부여가 되지 않을 수 있다. 하지만 다른 지원자들도 마찬가지다. 내가 얼마나 관심을 갖고 살펴보고 기록하느냐에 따라서 자기소개서나 면접에서 표현하는 수준과 내용이 달라진다. 이것이 결국 나를 평가하는 면접관의 고개를 얼마나 끄덕이게 할 것인가로 이어진다. 당연히 평가도 달라진다.

연습장이나 A4 용지 여기저기에 기록하면 다시 보지 않게 된다. 취업 준비를 위해 마련한 노트가 좋다. 노트에 누적해서 기록하라. 다음에 다시 적기 위해 노트를 펼칠 때 기록했던 내용을 보면서, 혹은 새로운 조사를 이어가며 기업이 원하는 의견을 도출할 수 있다. 노트를 소중하게 여기고 당신의 미래를 위해서 채워간다면 두려움이나 불안감을 줄이며 취업을 준비할 수 있다. 나아가 본격적인 취준생이 되었을 때 그 노트는 보물이 된다. 새롭게 조사해야 할 무언가에 대한 부담도 줄어들고, 더 알아야 할 부분들에 대한 연결성도 높아질 것이다.

취업 준비 핵심 전략 3
표현의 관점을 전환하고 연습하라

"솔직하게 말하라."

면접에서 솔직하게 말하라는 말은 어떤 의미일까? 정말로 솔직하게 말해야 할까? 그렇지 않다. 이 말은 솔직함이 느껴지도록 하되 회사, 조직, 직무 관점으로 답하라는 뜻이다. 그런데 이러한 관점을 갖는 게 쉽지 않다. 더군다나 경험이 없는 영역이므로 회사, 조직, 직무 관점으로 표현하기 어렵다. 때문에 취업 준비 단계에서부터 전략적으로 연습해야 한다.

내가 갖고 있는 생각이 조직생활에 적합한 것인지, 내가 표현하는 방식이 조직 관점에 맞는 것인지, 직무를 표현할 때 이렇게 말하는 것이 직무이해도가 높은 것인지, 계속해서 점검하고 표현법을 익혀야 한다. 경험과 경력이 없는 상태에서 표현의 정도가 갑자기 좋아지지 않는다. 수시로 점검하고 경력자를 만나서 피드백받고 다시 고치는 연습을 해야만 나아진다. 회사, 조직, 직무 관점을 갖추는 방법은 'Perspective. 관점 역량' 부분에서 상세하게 알아보기로 하고 여기에서는 그 중요성만 짚어보자.

기업 입장에서 보면 입사 지원자는 많다. 그 안에는 똑똑한 지원자도 많다. 그런데 그중 선택받는 사람은 자신이 기업에 꼭 필요한 사람임을 설득하는 지원자다. 이러한 설득을 위해 반드시 필요한 배경이 바로 표현의 관점이다. 아무리 똑똑하고 잘났어도 회사가 봤을 때 회사, 조직, 직무에 적합하지 않다고 판단하면 절대 합격시키지 않는다. 이처럼 합격에 굉장히 영향을 많이 미치는 핵심 요소로써 표현법을 평소부터 준비하는 연습을 지속해야 한다. 취업 준비 단계부터 이러한 전략과 마인드를 갖추고 있어야만 합격으로 나아갈 수 있다.

취업 준비 계획 수립 방법

취업 준비 계획 수립 1단계
브레인스토밍

    취업 준비 핵심 전략을 살펴봤으니 이제 구체적인 취업 준비 계획 수립 방법을 알아보자. 계획대로 안 될 수도 있지만 그래도 계획이 있어야 목표에 다가갈 확률이 높다. 그리고 목적지로 가는 데 필요한 다른 길이나 방법을 찾아낼 수도 있다. 계획이 중요한 이유다. 또 계획이 있어야 다른 소모적인 일들을 줄일 수 있다. 계획이 없으면 편하고 필요 없는 일을 하게 된다. 이로 인해 한정된 시간을 아쉽게 보내버리면 후회만 남는다. 마냥 쉬고 싶을 때도 있지만 휴식도 계획에 포함해서 쉬는 것이 효율적이다.

취업 준비 계획 수립의 첫 단계는 브레인스토밍이다. 취업에 필요한 것들을 나열해보는 것이다. 그동안 당신이 준비한 것들, 취업에 필요하다고 생각하는 것들을 일단 나열한다. 우선 두 가지 카테고리로 써보면 좋다. 첫 번째는 '취업을 위해 필요한 것들'이다. 이는 취업을 위해 필요한 기본적인 조건을 의미한다. 학점, 어학, 자격증과 같이 자신이 원하는 취업 방향에 필요한 요소 중 정량적인 결과물로 획득할 수 있는 것들을 떠올려본다. 두 번째 나열할 것은 '취업을 위해 필요한 활동'이다. 여기에는 동아리, 대외활동, 산업, 기업, 직무 분석과 같이 정성적인 것들이 포함된다. 첫 단계에서는 중요한 점을 일단 떠오르는 대로 모두 적어보자.

취업에 필요한 것들	취업에 필요한 활동

취업 준비 계획 수립 2단계
배치
───

취업 준비 계획 수립의 두 번째 단계는 배치다. 1단계에서 떠올린 취업에 필요한 것들과 취업에 필요한 활동을 자신의 대학생활의 적절한 시점에 배치하는 것이다. 이 과정에는 더 필요한 것은 없는지 혹시 뺄 것이 있는지 검토하는 과정도 병행한다. 또한 배치는 적절한 시점에 해야 효율적이다. 만약 졸업을 했거나 혹은 졸업이 얼마 남지 않았거나 졸업 유예 상태라면 남은 기간을 월Month과 주Week 단위로 나눠서 배치해야 한다.

2학년 1학기	여름 방학	2학년 2학기	겨울 방학
3학년 1학기	여름 방학	3학년 2학기	겨울 방학
4학년 1학기	여름 방학	4학년 2학기	겨울 방학

취업 준비 계획 수립 3단계
기본 관리 테이블 작성

　취업 준비 계획 수립의 마지막 단계는 학기별 혹은 현재 시점별 기본 관리 테이블Table 작성이다. 학기별로 배치한 필요한 것들을 묶어서 각 영역으로 나누고 해당 영역의 목표를 적어보자. 다음으로. 목표를 위해 현재 무엇을 하고 있는지 적어보자. 그러면 앞으로 무엇을 해야 할지 떠올릴 수 있다. 구분을 위해서 목표는 빨간색으로, 하고 있는 일은 검정색으로, 해야 할 일은 파란색으로 나눠서 기록해보자. 기본 관리 테이블은 관리를 위한 목적이기 때문에 이렇게 시각적으로 눈에 잘 들어오도록 정리하는 게 중요하다. 또한 이렇게 하는 궁극의 목적은 실행력을 높이기 위해서다.

전공	자소서		영어	면접
1.목표 2.하고 있는 일 3.해야 할 일				
산업 및 기업 분석		직무 분석		스터디

기본 관리 테이블을 바탕으로 자신의 일과를 계획하고 점검하면 실행력을 높일 수 있다. 취업 준비를 하다가 관리가 안 된다는 생각이 들 때 중간 점검을 하는 도구로 활용할 수도 있으며, 큰 관점으로 가시적으로 보기 때문에 무엇이 더 필요하고 무엇을 빼야 하는지도 쉽게 확인할 수 있다.

기본 관리 테이블을 작성했다면, 이제 자신의 하루 일과와 연결하는 일이 남았다. 하루를 체계적으로 계획하고 점검하는 시간을 확보하자. 이제 진짜 실행력을 위한 실천을 시작해보자.

Mental
멘탈 관리 역량

부서지기 쉬운 멘탈 극복을 위해서는?

아무리 좋은 취업 준비 전략과 방법이 있어도 멘탈 관리가 되지 않으면 지속하기 어렵다. 자신이 원하는 기업에 취업하기 위해서는 최종 합격까지 지속적으로 노력해야 하는데, 그 근본이 되는 것이 바로 멘탈이다.

대학생활을 하면서 새로운 사람을 만나고 새로운 경험을 하면서 예상치 못했던 난관에 부딪히며 정신적으로 힘든 경험을 하기도 한다. 여기에 개인사나 가정사가 겹치면 멘탈이 크게 흔들린다. 그렇게 시간을 보내다 보면 학년은 올라가고 어느덧 취업 준비를 해야 할 때가 코앞인 상태가 되고 만다.

정말 힘들 때는 시간을 가져야 한다. 갑자기 멘탈이 좋아지는 특별한 방법은 없다. 기본적으로 멘탈을 유지하려면 힘들 때 시간을 두고 충분한 휴식을 취해야 한다. 다만 어느 정도의 기간은 정해두고 쉬는 게 좋다. 예를 들어 언제까지는 아무 생각하지 않고 무리하지 말자고 마음먹는 것이다. 휴식의 기간에는 마음대로 쉬고 편안한 시간을 가진다.

어느 정도 쉬는 기간을 가졌다면 친구들을 만나거나 멘탈 유지에 필요한 기본을 다시 갖춰야 한다. 기본이란 자존감이다. 자신을 탓하지 말고 자신을 존중해야 한다. 꼭 한 번 생각해보자. 나는 충분히 자신을 존중해주고 있는지 말이다. 타인이 나를 먼저 챙겨주기는 쉽지 않다. 그런데 나조차 나를 먼저 챙겨주지 않는다면 누가 나를 존중해주겠는가. 누군가 나를 챙겨주는 낮은 확률을 바랄 것이 아니라 자기 자신에 대한 태도를 근본적으로 바꿔야 한다.

자신을 근본적으로 바꾸기 위해서는 마음을 단단히 먹어야 한다. 이를 위해 추천하는 방법은 앞서 강조한 것처럼 노트에 자신을 향한 태도, 존중의 메시지, 응원의 메시지를 적어서 자주 보이는 곳에 배치하는 것이다. 직접 적고 자주 봐야 중요하게 생각한다. 그만큼 생각의 횟수를 늘리고 반복하라는 뜻이다. 자신에게 들어오는 수많은 정보와 여러 신경 쓸 상황이 있겠지만, 그중 가장 집중하고 기본적으로 갖출 부분이 바로 자신에 대한 태도다.

자존감

"나는 이 세상에서 가장 소중하다."

우리는 자주 이렇게 외쳐야 한다. 우리 각자는 세상 그 무엇보다 소중하다. 자신을 아낄 줄 알아야 타인 역시 아낄 수 있다. 먼저 자신을 소중하게 생각해야 타인을 소중하게 생각하고 대할 수 있다. 자기 자신을 대하는 방식과 타인을 대하는 방식이 다시 나에게로 돌아온다. 그런데 이런 생각은 종종 하지만 실제로는 삶이 바빠서 자신과 마주할 시간이 없다는 핑계를 댄다. 그렇게 반복적으로 자신과 마주하길 회피하다 보면 자신과 마주하는 시간이 계속 불편해진다. 그렇게 하루하루 살다가 나를 신경 쓸 겨를도 없는 4학년이 되고 취준생이 된다.

달라져야 한다. 자신을 바라보고 대하는 방식과 표현하는 방법을 바꿔야 한다. 변화하기 위해서는 무언가를 시작해야 한다. 그리고 시작하기 위해서는 어느 정도의 '양'이 확보되어야 한다. 양이라는 것은 변화할 수 있는 생각이나 의식의 질량을 말한다. 의식의 질량을 늘리기 위해서는 책을 보고 경험을 쌓아야 한다. 그리고 일련의 시간들을 다시 바라보는 시간을 확보하는 것이 무엇보다 중요하다. 그렇지 않으면 다짐만 반복하고, 그 과정에서 무의미하게 시간을 채울 가능성이 높기 때문이다.

한번은 스스로에게 이렇게 질문한 적이 있다.

"나는 과연 나를 얼마나 믿을까?"

대답은 '적당히'였다. 20~30년 동안 자신을 이끌며 살아온 나에게 묻고 답한 내용이다. 슬펐다. 실제로 나는 나를 적당히 믿고 있었다. '적당히'라는 말은 사실 이 질문에 대해 진지하게 생각해 보거나 그 중요성의 깊이를 너무 가볍게 바라본 것이라는 생각이 들었다. 그때 결심했다. 제대로 믿어본 적이 없으니 지금부터라도 진짜 믿어봐야겠다고 말이다. 그래서 나는 내가 사용하는 몇몇 노트 앞장에 다음과 같이 적었다.

'나를 믿고 나를 응원한다.'
내가 가장 먼저 해야 할 일은 다른 사람이 나를 믿어주기 전에 내가 내 자신을 믿는 것이다. 그냥 믿는 것이 아니라 진짜 믿어야 한다. 그냥 믿는 것과 진짜 믿는 것은 다르다. 아주 많이.

한편으로는 호기심도 있었다. 과연 내가 자신을 가장 먼저 믿어주고 응원하면 어떻게 될지 궁금했다. 나를 위한 글을 자주 볼 수 있도록 노트 맨 앞장에 쓰고, 볼 때마다 소리 내서 읽었다. 그러자 정말 변화가 일어났다. 적당히 믿는 것과 진짜 믿는 것은 달랐다. 어떤 일을 하든지 나의 말과 행동에 대해 스스로가 응원을 하고 있었다. 자연스럽게 말과 행동이 달라졌다. 내가 정말 원했던 자신을 위한 변화는 그렇게 시작되었다.

우리는 상황이 어려워지거나 힘이 들면 지친다. 그때부터 적당히 하기 시작한다. '운 좋으면 되겠지, 운에 맡겨보고 적당히 하자'라는 생각이 들 때면 다르게 생각할 필요가 있다. 그런 순간은 누구에게나 온다. 그 순간을 기회라고 생각하고 자신을 더 믿어보고 무엇을 더 할 수 있는지 생각해보자. 무언가 더 해볼 구체적인 무언가가 떠오른다면 좋은 생각을 한 것이다. 운에 맡겨보고 싶을 때 타협하지 않아야 한다. 자신을 믿으며 구체적으로 조금 더 해볼 수 있는 무언가를 찾는 것이 결국 결과를 바꿔내는 큰 힘이 된다.

이런 의미에서 자존감이 중요하다. 모든 시작이 될 수 있는 기점이기 때문이다. 내가 나를 생각하는 내용이 바뀌지 않으면 나의 말과 행동은 바뀌지 않는다. 비스킷처럼 부스러지는 멘탈을 극복하기 위해서 빠뜨려서는 안 되는 것이 바로 자존감이다.

그러나 자존감 자체를 너무 강조하면 강압이 될 수 있다. 자존감 자체에 대한 중요성만을 계속해서 강조하고 자신의 뇌에 각인시키는 것은 중요하지는 않다는 말이다. 중요성은 간결하게 인식하고, 자신의 자존감을 위해 무엇을 할 것인가에 집중해야 한다. 예를 들면 위에서 사례로 소개한 '나를 믿고 나를 응원하는 글'처럼, 자존감이 떨어졌을 때 자신을 위해 무엇을 할지 생각해보는 것이다. 생각 이후에는 실천할 수 있도록 적어보는 것을 추천한다. 평소에 자신을 위해 무엇을 할지와, 자존감이 떨어졌을 때 어떻게 할지로 나누어서 적어보는 것이 좋다.

평소에 나를 위해 할 것

- 나 자신을 가장 먼저 믿어주기 위한 글을 적고 자주 읽기
- 작은 일이라도 무언가 해냈을 때 나를 칭찬하기
- 힘든 하루를 보냈을 때는 나를 토닥이고 나를 힘껏 끌어안기
- 내가 나를 공격할 때는 잠시 멈추고, 그 이유와 무엇을 위해 그러는지 생각해보기
- 거울로 나의 눈을 보고 나를 응원하기

자존감이 떨어졌을 때

- 자존감이 떨어진 원인보다는 '지금 자존감이 좀 떨어졌구나'라고 말하고 휴식 취하기
- '살다 보면 이런 날도, 저런 날도 있다'며 괜찮다고 나에게 말해주기
- 가족과 함께 맛있는 음식으로 식사하고 차 마시며 가볍게 근황 나누기
- 마음을 나눌 수 있는 가까운 친구와 만나거나 전화해서 수다 떨기
- 그동안 걸어온 인생의 시간과 앞으로 인생의 큰 그림 바라보기

취업을 준비하는 과정에서 필요한 기본적인 멘탈 관리를 위해서, 또 이를 위해 필요한 자존감을 위해서, 지금부터 나를 위한 응원을 시작해보자. 오늘부터 진짜 나를 믿고 가장 먼저 응원하고 끝까지 응원해보자.

취업 준비에 필요한 멘탈 관리법

멘탈 관리의 기본과 자신에 대한 근본적인 태도를 갖췄다면 취업 준비에 필요한 멘탈 관리법을 알아보자. 취업 준비에 필요한 멘탈 관리의 핵심은 마지노선이다. 바로 언제까지는 반드시 취업할 것이라는 데드라인Deadline이다.

앞서 취업 준비 핵심 전략에서 작성한 '산업>기업>직무 Matrix'에 자신이 생각하는 마지노선도 표기하자. 마지노선이 없으면 막연하다. 언제까지 계속 반복만 할 수는 없다. 결승점을 잡고 하루하루를 채워나가야 한다.

마지노선을 설정할 때 고려해야 하는 요소는 두 가지다. 첫째는 남아 있는 기간이다. 졸업까지 몇 학기 남았는지, 졸업 유예 상태인지, 졸업하고 취업 준비를 하고 있는지, 취업했다가 짧은 기간 근무 후 다시 취업 전선에 뛰어들었는지 등, 상황에 따른 시간을 말한다. 고려해야 할 두 번째는 '산업>기업>직무 Matrix'에서 설정한 우선순위다. 여기에서 세부 전략은 다양하게 펼칠 수 있다. 예컨대 남은 기간이 여유 있다면 곧 다가올 공채나 수시 채용에서는 1순위만 추진하겠다는 '플랜 A'를 가동할 수 있다. 반면 이번 상반기 또는 하반기까지는 무조건 취업을 하기로 마지노선을 설정한 상황이라면 1순위부터 3순위까지 동시에 추진해야 한다. 덧붙여 이때는 '플랜 Z'까지 마련해야 한다. 무조건 취업하겠다는 것은 마지막 마지노선이다. 이러한 마지노선이 있어야 더 절실하게 준비하고 멘탈을 붙잡을 수 있다.

산업(분류)	기업(기관)	직무	플랜명/마지노선

'산업>기업>직무 Matrix'에 마지노선을 추가해서 적어보자. 직접 플랜과 마지노선을 적어보는 것이다. 예를 들어 '플랜 A: 올해 상반기' 또는 '플랜 B: 올해 하반기'라고 적을 수 있다. 그러면 남은 기간과 자신이 설정한 우선순위도 정리되고, 행동이나 마음에 대한 기본적 태도도 갖출 수 있다.

Perspective
관점 역량

관점 역량이란 무엇인가?

관점 역량의 하위 역량 1
상대방을 바라보는 태도, 준비, 표현

취업 준비 핵심 전략 중 '표현의 관점을 전환하고 연습하라'가 있었다. 바로 관점 역량을 키우기 위한 전략인데, 관점 역량이란 무엇이고 이를 더 키우기 위해서는 어떻게 해야 할까?

가까워지고 싶은 친구가 나에게 어떤 이야기를 할 때 경청하는 태도는 중요하다. 또 상대가 관심 있는 것에 나 역시 관심을 갖고 알아봐야 한다. 좋아하는 음식이 있다면 어디가 맛있는지 찾아보거나, 좋아하는 영화가 있다면 내가 찾아보는 준비가 필요하다. 그런 다음 친구를 만났을 때 준비한 것을 바탕으로 대화를 해야 더 가까워질 수 있다.

이렇게 상대방을 바라보는 태도, 준비, 표현이 중요하다. 그런데 취업에서는 상대가 나를 더 높은 기준으로 평가한다. 따라서 '적당히 이쯤 이야기하면 좋아하겠지?'라고 생각할 것이 아니라 '어떤 이야기를 어떻게 더 해주는 것이 좋을까?'라는 고민을 해야 한다.

우리가 쓰고 있는 스마트폰을 예로 들어 생각해보자. 휴대폰 제조 산업 분야에서 경쟁하고 있는 기업들 가운데 하나에 지원한다면, 관심을 가져야 할 것은 무엇인지 다양한 카테고리를 살펴보는 것이 관점 역량이다. 기본적으로 산업, 기업, 직무 관점이다. 여기에 추가로 또 다른 카테고리에 관심을 가져야 할지 고민해야 한다. 상대방이라는 대상, 즉 기업에만 관심을 가질 게 아니라 상대방이 고민을 하는 분야인 산업에도 관심을 갖는 것이 중요하다. 생각해보자. 기업 입장에서 지원자가 우리가 경쟁하는 산업에 대해 많은 고민을 하고 오랫동안 체계적인 준비를 해서, 그 결과를 의견 형태로 제시하면 어떨 것 같은가? 기업 입장에서는 이런 구체성을 원한다. 이런 차별성은 갑자기 나오지 않는다. 상대방이 '이렇게까지 해봤어요?'라고 느끼도록 내가 관점 역량을 갖추고 노력해야만 갖출 수 있다.

관점 역량의 하위 역량 2
회사, 조직, 직무에서 무엇이 중요한지 아는 것

"조직이 우선일까? 개인이 우선일까?"

경영학에서는 이 질문에 조직이 우선이라고 답한다. 조직이 없으면 개인도 없다. 조직은 짜여 있는 개체다. 목적성을 가지고 회사가 추구하는 사업의 방향과 목표를 향해 조직적으로 움직이는 것이 바로 조직이다. 그렇기 때문에 조직의 개념을 이해하고 조직에서 무엇이 중요한지 알아야 한다. 물론 지원자는 조직생활을 해보지 않아서 모를 수 있지만 중요한 건 알려고 노력하고 상대 관점으로 표현하려는 자세다.

마찬가지로 회사, 직무에 대해서도 이해도를 높이고 무엇이 중요한지 알아야 한다. 이러한 이해도에 따라 자기소개서의 내용이 크게 달라진다. 면접에서도 단순히 질문에 대한 정보만 말하는 것이 아니라 회사, 조직, 직무에 맞는 말을 해야 합격한다. 게다가 인적성 검사 중 인성 문항에서도 다음과 같은 질문이 있지 않은가?

- 나는 의사결정을 하기 전에 모든 관점에서 문제를 신중히 생각한다. (예/아니오)
- 나는 활동 계획을 미리 짜기를 좋아한다. (예/아니오)
- 나는 낯선 사람들을 만나면 무슨 이야기를 해야 할지 어려움을 겪는다. (예/아니오)

회사, 조직, 직무 관점에서 어떤 생각, 태도, 행동이 필요한지 알아야 이 문항에 상대가 원하는 답을 체크할 수 있다. 회사에서 의사결정은 모든 일의 중심이다. 보고서를 쓰고 회의를 하는 이유도 의사결정을 잘하기 위해서다. 회사라는 곳에서는 공통의 언어인 보고서로 다양한 사람의 검토를 거쳐서 높은 수준의 의사결정을 한다. 따라서 첫 번째 문항은 '예'가 상대가 원하는 답이다.

두 번째 문항 역시 '예'로 답해야 한다. 회사는 목표를 조직에 내리고, 조직은 이 목표를 달성하기 위한 계획을 수립한다. 이러한 계획은 미리 짜는 것이 효율적이다.

마지막 문항은 '아니오'로 답해야 한다. 서로 성격과 개성이 다른 사람이 모여서 함께 일하는 곳이 회사인데, 낯선 사람과의 커뮤니케이션에 어려움을 느낀다면 회사는 당신을 조직생활에 적합하지 않다고 판단한다. 우리 팀 내에 서로 다른 사람들, 다른 팀과 협업, 고객사와 계약 등 수많은 타인들과 일해야 하는 곳이 바로 회사다.

정리하자면 위의 질문에 대해 상대방 입장에서 필요한가, 왜 그런가를 생각해보며 답하는 것이 바로 관점 역량이다.

회사와 조직은 수직적 관점Vertical View에서 볼 때 피라미드 형태로 구성되어 있다. 피라미드의 위로 갈수록 경영층에서 전략적으로 최종 의사결정을 내린다. 아래로 갈수록 조직과 조직 구성원들이 탑다운Top-down으로 전달된 핵심성과지표KPI, Key Performance Indicator를 달성하기 위해 구체적인 계획에 따라 행동

한다. 이러한 관점 역량은 실제 면접에서 다음과 같은 질문으로 묻기도 한다.

"조직에서 일하는 방식이 탑다운Top-down 방식과 바텀업Bottom-up 방식이 있는데 어떤 방식을 선호하나요?"

이 질문에 회사, 조직 관점으로 답변하기 위해선 회사와 조직에 대한 이해도가 높아야 한다. 이 질문은 '조직적합성'을 묻는 것이다. 어떻게 답변하는 것이 적절한지는 'Expression. 표현하는 역량' 편에서 살펴보기로 하고, 여기에서는 회사와 조직에 대해 좀 더 알아보자.

수직적 관점에서 큰 그림은 위에 서술한 피라미드 형태와 같고, 이를 세부적으로 실행하는 조직이 각 부서, 팀, 직무다. 예를 들어 경영지원에 관련된 조직에서는 다음과 같은 구조로 일의 영역을 나눈다.

조직의 구조와 일의 영역 예시

회사, 조직, 직무 관점을 갖추는 방법

결국 상대가 평가하려고 하는 핵심은 세 가지다. 회사 측면에서의 '가치적합성', 조직 측면에서의 '조직적합성', 직무 측면에서의 '직무적합성'이다. 따라서 회사, 조직, 직무 관점을 갖춘다는 것은 가치적합성, 조직적합성, 직무적합성을 키운다는 의미다.

가치적합성 Value fit

가치적합성은 지원자가 해당 회사에서 추구하는 가치와 얼마나 부합하느냐를 의미한다. 지원자는 회사에 대한 분석과 회사에 대해서 고민한 의견을 구체적으로 제시할 수 있어야 한다. 이를 위해서는 단순히 회사에 대한 정보만 숙지하는 것이 아니라 산업과 연결해서 더 깊이 있는 분석을 해야 한다. 그리고 충분히 고민한 흔적을 정확히 표현할 수 있어야 한다.

회사가 추구하는 핵심 가치, 인재상 등에 맞게 어떤 모습과 표현이 해당 회사가 원하는 것인지 다양한 경로를 통해 정보를 수집하고 분석해야 한다. 같은 산업에 포함되어 있는데 왜 경쟁사가 아니라 우리 회사에 오려고 하는지 질문을 받는다면, 상대방의 고개를 어떻게 끄덕이게 만들 것인지 미리 고민하고 준비해야 한다. 상대에 대한 분석 방법은 'Take information. 정보 수집 및 분석 역량'에서 상세하게 살펴볼 것이다. 고민과 준비의 중요성을 지금 다시 한 번 상기하자.

조직적합성 Organization fit

조직적합성은 조직생활에 적합한가에 대한 평가다. 앞서 여러 차례 언급한 것처럼, 기업은 천재보다는 조직에 적합한 사람을 뽑는다. 아무리 능력이 뛰어나더라도 서로 성격과 개성이 다른 사람이 모여 조직의 공동 목표를 달성하는 데 적합하지 않다면 채용하지 않는다.

인성검사 질문 역시 이를 검증하고 동시에 특정 경향이 과하게 나타나는지 거듭 확인하기 위한 의도다.

조직적합성을 높이려면 조직 이해도를 높여야 한다. 이를 위한 가장 좋은 방법은 실제 조직생활을 경험할 수 있는 인턴이나 현장실습에 도전하는 것이다. 인턴이 되면 좋겠지만 뽑는 인원이 적기 때문에 어렵다면 학교에서 지원하는 현장실습도 괜찮다. 기업에서는 인턴을 몇 개월 했으니, 현장실습을 짧게 했으니 몇 점을 준다와 같은 기준을 갖고 있진 않다. 그보다는 해당 경험을 어떤 목적과 태도로 하려고 했고, 이를 어떻게 표현하는지가 평가에 더 큰 영향을 미친다. 또한 그러한 경험이 조직 이해도를 높이는 것이므로 취준생은 여기에 집중해야 한다.

한편 인턴이나 현장실습을 하게 되면 보통 실망하는 경우가 많다. 왜냐하면 별 일 안 시키기 때문이다. 특별한 경우를 제외하면 인턴이나 현장실습에서 실무에 참여하는 정도는 매우 미미하다. 실무자 관점에서 봤을 때는 '그냥 잠시 있다 가는 대학생'으로 보이는 것이 사실이다. 실무가 바쁘고 신경 써야 할 것이 많은데 직장인 입장에서는 더 많은 '케어'를 하기 쉽지 않다. 이러한 현실을 마주하면 '별일 안 시키네. 적당히 기간만 채우고 나가야겠다'는 생각이 들게 된다. 하지만 관점을 바꾸면 같은 경험이어도 더 많은 것을 얻고 나올 수 있다.

참여하는 취준생이 관점을 바꿔야 한다. 관점을 바꾼다는 것은 내가 상대를 바꾸기 어려우니, 내가 할 수 있는 것을 스스로 찾으라는 의미다. 추천하는 방법은 인턴이나 현장실습 기간 동안 무엇을 얻고 남길지 목표를 정하는 것이다. 우선 해당 회사의 조직도를 직접 그려보길 권한다. 직접 회사의 구조를 보며 조직 이해도를 높일 수 있다. 다음으로 직무를 분석하는 것이다. 옆에 있는 선배, 대리, 과장의 직무를 분석해보면 조직 이해도를 높일 수 있다. 마지막으로 조직 이해도를 높일 수 있는 질문을 열 가지 정도 준비해서 가능한 한 많은 사람에게 질문해보는 것이다. 무슨 말을 해야 할지 곤란한 상황이 생길 수 있는데, 그때 준비한 질문을 부장님이나 팀장님에게 해보는 것이다.

조직 이해도를 높이는 또 다른 방법은 직장인을 직접 만나서 인터뷰하는 것이다. 여러 차례 의사소통할 수 있는 기회라면 더 좋다. 인턴이나 현장실습으로 직접 경험하기 어려운 상황이라면, 차선책으로 직장생활을 해봤던 사람이나 현재 직장인을 만나서 이야기를 나눠보는 것이다. 적절하게 필요한 질문을 던지고 상황별 시뮬레이션을 해보는 것도 좋다. 주의할 점은 단순히 감상을 듣거나 흥미 위주의 조언을 듣지 않는 것이다.

마지막으로 앞서 설명한 방법에 더해서 자신이 표현하는 것이 조직 관점에 부합하는지, 즉 조직에서 선호하는 것인지 알아보고 훈련하는 것이다. 호기심을 갖고 상대에 대해서 질문하면서 내가 갖고 있는 관점이나 표현이 상대가 선호하는 것인지 알아가는 과정이 필요하다.

직무적합성Job fit

직무적합성은 지원한 직무에 대한 적합성을 말한다. 물론 지원자가 해당 직무를 수행해보진 않았지만, 회사는 필요한 요소를 관련 질문을 통해 평가한다. 기본적으로 성격 측면의 적합성이나 강점, 역량, 태도 등을 본다. 다음으로 이 일을 해보진 않았지만 얼마나 이해하고 있는지 직무 이해도를 본다. 또한 얼마나 준비했고 노력했는지를 직무 준비도를 통해서 평가한다. 따라서 지원하는 직무에 대해 상세한 분석을 하고, 나아가 구체적인 고민까지 해봐야 직무적합성에서 높은 평가를 얻을 수 있다. 직무에 대한 분석 역시 'Take information. 정보 수집 및 분석 역량'에서 자세히 살펴볼 것이다.

회사, 조직, 직무 관점은 갑자기 갖춰지지 않는다. 찾아보고 분석하고 이해하고 생각하고 표현하는 과정을 많은 연습을 통해 반복해야 한다. 직접 경험하면 좋겠지만 환경이 그렇지 못하다면 가능한 방법을 찾아봐야 한다. 다른 지원자들도 마찬가지 환경이다.

Experience
경험을 바라보는 역량

기업은 왜 경험을 물어볼까? 기업은 반드시 목적을 갖고 질문한다. 기업의 관점으로 바라보자. 기업은 경험을 통해서 무엇을 평가하려고 할까? 한마디로 답한다면 '역량 평가'다. 기업은 직무에 필요한 역량과 조직생활에 필요한 역량을 갖췄는지 평가하기 위해서 경험을 물어본다. 지원자는 경험을 통해서 역량을 향상한 과정과 노력 그리고 결과를 말해야 하고, 이와 관련된 내용을 잘 구성해서 상대방을 설득해야 한다.

상대 관점으로 바라보는 관점 역량을 갖췄다면, 이어서 필요한 것은 상대가 원하는 각각의 것들의 목적을 아는 것이다. 따라서 경험을 물어본다면 경험을 묻는 목적을 알고 있어야 제대로 상대가 원하는 대답을 할 수 있다. 그런데 취준생 입장에서 경험이란 특히 잘 알고 접근해야 한다. 그래야만 시간을 효과적으로 활용할 수 있다. 대학생활과 취업을 준비하는 시간이 제한적이기 때문에 준비 과정에서 어떤 경험을 할지 선택하는 것은 매우 중요하다.

경험이 우리에게 미치는 영향

우리는 누구나 경험을 한다. 경험을 통해서 학습하고, 배우고 익히며 현재와 미래에 대한 생각을 한다. 생각해보면 그동안의 경험을 통해서 지금 수월하게 할 수 있는 것들이 많다. 경험이 연습이자 훈련이었다. 특별한 경험은 계기나 동기가 되기도 한다. 이처럼 경험은 우리에게 큰 영향을 미친다. 우리는 경험에 대해서 제대로 알아야 더 효과적으로 활용할 수 있다.

경험이란 무엇일까?

경험을 이해하기 위한 단계로 정보, 주의, 의식에 대해 살펴봐야 한다. 『플로우』의 저자 칙센트 미하이는 인간이 언제 행복한지 심리학적으로 연구했는데, 이 과정에서 소개하는 정보, 주의, 의식에 대한 내용이 개념을 이해하는 데 도움을 준다. 책에 따르면 정보를 의식하는 방법은 두 가지라고 한다. 하나는 '선택적 주의'이고, 다른 하나는 '습관화된 주의'다. '의식'은 '주의'라는 개념을 통해서 가능한 것인데, 여기서 '주의Attention'는 수많은 정보들 가운데 우리에게 필요한 것을 선택하고 결정하는 것을 말한다.

주의의 목적은 적절한 기억을 인출하기 위해서, 주변에서 발생한 일들을 평가하기 위해서, 그리고 후속조치를 하기 위해서라고 저자는 말한다. 또한 저자는 주의에는 에너지가 필요하며, 이 주의를 어떻게 활용할 것인가에 대해 강조한다.

경험이 우리에게 미치는 영향

경험이라는 것은 정보에 대한 반복적인 우리의 반응인 '주의'의 작용이다. 달리 말하면 경험은 우리에게 지속적으로 영향을 준다는 뜻이다. '주의'는 '자아'와 상호작용하는데, 둘 사이의 인과관계

뿐만 아니라 경험을 바라볼 수 있어야 한다. 성장 과정에서 정보에 대한 반응으로 '주의'를 한다. 다시 말해 '주의'와 '자아'와의 상호작용으로 성장을 이어가는데, 만약 우리가 이러한 관계를 안다면 고려해야 할 부분이 있다.

경험은 우리에게 영향을 많이 미친다. 그렇기 때문에 경험을 바라보는 역량이 있어야 경험을 통해서 얻는 것이 많고 경험을 선택하는 역량도 향상될 수 있다. 그렇지 않으면 생각 없이 닥치는 대로, 시간 가는 대로 경험할 것이다. 이런 식이라면 원하는 목표를 달성하기 어렵다. 특히 취준생 입장에서는 제한된 시간을 효과적으로 활용해야 하기 때문에 이 개념의 중요성을 다시 한 번 강조하고 싶다.

경험을 어떻게 바라볼 것인가?

경험을 바라보는 관점

칙센트 미하이는 의식의 정보들을 순서화하는 힘을 '의도 Intention'라고 했다. 의도는 어떤 것을 바라거나 성취하기 원할 때 발생하는데, 경험 측면에서 보면 대학 졸업 후 사회로 진입하기 위한 의도가 준비되어야만 경험을 제대로 바라볼 수 있다. 나아가 제한적인 시간도 유용하게 활용할 수 있다.

경험을 제대로 바라보지 않으면 시간만 흘려보내다 어느덧 불안감에 휩싸인 취준생이 될 확률이 높다. 그런데 이러한 경험을 바라보는 관점 역시 자기 입장에서만 바라보면 성공적인 취업에 도움이 되지 않는다. 왜냐하면 취업과 연결해서 생각하거나 졸업 이후의 삶을 떠올리며 생각하지 않으면, 일반적으로 하고 싶은 대로만 경험을 선택하기 때문이다. 상대 입장에서 생각하고 상대를 분석해야 경험을 바라보는 관점 역량이 생긴다. 회사, 조직, 직무에 대해서 알지 못하는데 어떤 경험이 도움이 될지 어떻게 알겠는가?

경험을 바라보는 역량을 키우는 방법

20대가 시작되고 새로운 경험을 하고 경험의 스펙트럼이 확대될 때, 신나는 감정과 즐거움을 느꼈다면 그다음도 생각해봐야 한다. 학년이 올라가 취준생이 되었다면 그러한 경험을 어떻게 바라봐야 할지 정리해보는 시간을 가져야 한다. 상대에 대해서 분석하는 방법과 더불어, 자신의 경험을 정리할 때 또한 경험을 바라보는 역량이 향상된다. 앞으로 무엇이 더 필요하거나 중요한지 생각하게 되기 때문이다.

지금도 프로젝트와 과제, 어학 공부, 공모전 등으로 바쁜 시기를 보내고 있겠지만 잠시 여유를 갖고 자신의 대학생활을 경험 측면에서 정리해보자. 효과적으로 정리하는 방법은 'Express. 표현하는 역량' 부분에서 소개하는 방법을 참고하면 된다. 만약 남아 있는 시간적 여유가 없다면 정리 이후에 이를 어떻게 표현할지에 집중해야 한다. 남은 시간이 없다면 새로운 경험보다는 경험의 표현에 관심을 갖자.

이렇게 경험을 바라보는 역량을 키워야 지금부터 자신에게 일어나는 경험도 다르게 할 수 있다. 앞서 'Perspective. 관점 역량' 부분에서 조직적합성을 갖추기 위해 조직 이해도를 높이는 방법 역시 경험을 바라보는 역량과 같은 맥락이다. 인턴이나 현장실습의 경우가 여기에 해당된다. 짧은 기간의 경험이기 때문에 실제 업무에는 많은 역할과 책임이 따르지 않을 수밖에 없다. 이럴 때 경험을 바라보는 역량이 없으면, 이 기간을 보내고 와서 '별일 안 시켰어요', '업무 권한이 없었어요', '비가치 업무만 하다 왔어요'와 같은 말만 늘어놓기 일쑤다. 사실 조직과 실무자 입장에서 봤을 때 인턴이나 현장실습을 하러 온 사람에게 많은 권한과 업무를 주는 건 불가능하다. 이는 현장실습 과정을 특별한 과정으로 프로그래밍하지 않는 한 어려운 부분이다. 상대를 바꿀 수 없기 때문에 우리는 우리의 관점을 바꿔야 한다. 'Perspective. 관점 역량' 부분에서 추천한 조직적합성을 높이는 방법을 참고해서 인턴 혹은 현장실습이라는 경험을 달리 바라보자.

조직 이해도를 높이려는 추가적인 노력 역시 경험을 다르게 바라볼 때 특별해진다. 직장인을 만날 수 있는 경험과 마주할 때 미리 질문을 준비하는 자세가 필요하다. 사원, 대리, 과장, 차장, 팀장 등 평소 만나기 힘든 여러 직급을 만날 수 있는 기회다. 이 기회를 경험을 바라보는 관점으로 더 크게 살려야 한다. 당신은 인턴 혹은 현장실습을 온 사람이기 때문에 흔쾌히 답변해줄 것이다. 물론 대답 내용 중에는 현실적인 문제점과 어려움이 있겠지만, 자신의 취업에 도움이 될 수 있도록 현명하게 질문하고 취할 것만 지혜롭게 취하면 된다.

인턴·현장실습의 추천 목표

1. 조직도를 그리고 나올 것
2. 직무 분석하기
3. 직급별로 다양한 사람에게 조직 이해도를 높일 수 있는 공통 질문하기

조직 이해도를 높일 수 있는 질문 리스트

1. 조직생활에서 무엇이 가장 중요하다고 생각하시나요?
2. 일 잘하는 사람은 어떤 사람을 말하나요?
3. 회사에서 소통이 중요하다고 하는데 소통을 잘하는 노하우가 있나요?
4. 성과를 잘 내려면 어떻게 해야 하나요?
5. 입사 후에도 역량 개발을 해야 할 텐데요, 주로 어떻게 하시나요?
6. 회의가 많던데요, 회의를 많이 하는 이유는 무엇인가요?
7. 보고서는 어떤 종류가 있고 보고를 통해 회사가 하려는 것은 무엇인가요?
8. 만약에 면접에서 지원자를 만난다면 어떤 사람을 뽑고 싶으세요?
9. 경영진이 신입 사원에게 바라는 점은 어떤 것들일까요?
10. 이 산업에서 경쟁력을 가지려면 기업은 어떻게 나아가야 할까요?

한편 이미 인턴 경험이나 현장실습 경험이 있는데 앞으로 지원하려는 분야와 달라서 자기소개서에 활용하지 않거나 면접에서 말하지 않을 거라고 마음먹는 경우도 있다. 그러나 이런 경우에도 '분야는 다르지만 조직 관점에서 제가 배운 점은'이라고 전제해서 활용할 수 있다.

지원 분야와 관련한 경험을 쓰라고 해서 반드시 특정 경험만을 찾을 필요는 없다. 물론 일치하면 좋겠지만 그런 사람은 소수다. 분야는 다르더라도 조직 관점으로 말하면 된다. 어차피 취준생이 진입할 곳은 조직이다. 또한 기업도 알고 있다. 완벽하게 일치하는 지원자는 드물고, 지원자가 관련 경험을 직접적으로 하기도 쉽지 않다는 사실을. 표현하는 사람이 어떻게 바라보고 어떻게 표현하는지가 더 중요하다.

경험 안에 있는 역량에 대한 이해

경험의 중요성과 경험이 우리에게 미치는 영향 그리고 경험을 바라보는 역량을 키우는 방법을 살펴봤다. 이제 경험 안에 있는 것들을 이해해야 한다. 경험 안에는 역량이 있는데 우리는 생각보다 역량에 대해 잘 모른다. 알고 있다고 착각하고 적당히 이해하며 적당히 바라본다. 이 또한 경험을 바라보는 역량이다. 당신은 경험뿐만 아니라 경험 안에 있는 역량의 개념에 대해서도 알아야 한다. 그래야 상대가 평가하려는 의도를 확실하게 파악하고, 당신이 대답할 때 상대방이 고개를 끄덕이게 만들 수 있다. '역량'이란 개념은 다양한 발전 과정을 가지고 있다.

1970년대

역량Competency이란 개념은 1970년대 하버드 대학 맥클리랜드 McClelland 교수가 전통적인 학업, 적성 검사 혹은 성취도 검사의 한계를 지적하면서 사용했다. 전문 지식보다는 직무의 핵심적 성공 요소와 연관된 구체적 직무 수행 능력을 강조하는 개념이다.

역량이란 개인 성과를 예측하거나 설명할 수 있는 다양한 심리적, 행동적 특성이다.

1980년대

1980년대에 들어서면서 미국 기업들은 '효율적인 관리'에 많은 관심을 기울이게 되었고, 학자들은 '관리자들의 역량'에 대한 본격적인 연구를 시작했다.

1982년 보이애치스Boyatzis는 맥클리랜드 교수의 역량 연구를 관리자 영역으로 확장하여 12개 조직에서 관리직에 있는 2,000명을 대상으로 연구했다. 그 결과 어느 업무에서나 일관성 있게 나타나는 21개의 우수한 관리자 역량 모델을 제안했다.

1990년대

1990년대 들어서면서 역량 연구는 개인 수준을 넘어서, 조직 전략과 연결되었다. 역량이 통합적인 개념을 띄면서 인사관리 전반에 영향을 미치기 시작했다.

1993년

1990년 하멜Hamel과 프라할라드Prahalad는 '핵심 역량Core Competencies' 개념을 제안하면서 역량 개념을 개인 수준의 역량이라기보다는 조직의 경쟁 전략의 설계 구성 요소로 바라보았다.

1993년

1993년 스펜서Spencer & Spencer는 역량에 관한 모델 개발과 286개 역량 모델 연구를 통해 공통적인 역량을 추출했다.

1996년

1996년 스패로우Sparrow는 역량의 개념을 세 가지 유형, 즉 조직 역량(핵심 역량), 관리 역량, 개인 역량(직무 역량)으로 구분하여 정리했다.

남아공 요하네스버그에서 열린 역량 컨퍼런스에서 수백 명의 HRD 담당자들이 모여 역량에 대해 정의했다.

1999년

1999년 루시아Lucia와 레프싱어Lepsinger는 역량 모델에 대한 검증 방법을 소개하고, 타당성 있는 역량 모델이 인사관리 전 분야에서 효과적으로 활용할 수 있다고 주장했으며, 이를 위해서 역량 행동지표의 중요성을 강조했다. 스치프만Schippmann은 전략적 직무 모델링을 강조하여, 직무 분석과 역량 모델을 개념적으로 구분하고, 역량을 업무지식 역량Can-do Competency와 업무의지 역량Will-do Competency으로 구분했다.

2000년대 이후

조직의 전략적 인재 개발과 연계하여 민간, 공공 부문의 여러 조직에서 역량 모델을 구축하고, 이에 기반한 인재 개발 활동을 지속했다. 맥클리랜드 교수에 의해 시작된 역량의 개념은 스펜서가 개발한 빙산모델Iceberg model이 가장 널리 알려져 있다.

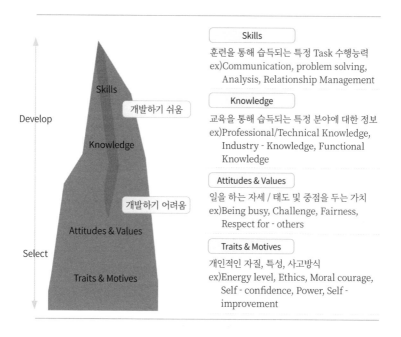

스펜서가 연구를 통해 추출한 공통적인 역량은 다음과 같다.

- 리더십: 멤버를 효과적으로 함께 일하도록 이끌고 동기를 부여
- 강제력: 행동기준을 설정하여 그 기준대로 행동하게 함
- 육성력: 타인의 자질을 장기적으로 육성하려고 함
- 팀워크: 다른 멤버를 평가하고, 조직의 원활한 운영을 촉진하려고 행동
- 달성지향성: 목표에 집착하여 그것을 달성하는 것이나, 그 때문에 계산된 리스크를 감수
- 이니셔티브: 장래의 니즈나 찬스를 미리 생각하여 선점하려는 행동
- 고객지향성: 서비스를 받는 고객을 위해서 행동함
- 철저확인력: 애매한 것을 줄이고, 세밀한 것에 주의를 기울여 계통화
- 유연성: 상황에 따라서 현재의 업무수행 방법이나 방향성을 바꿈
- 분석적 사고: 원인과 결과의 인과관계를 밝혀내어 대응책을 마련
- 개념적 사고: 패턴을 꿰뚫어 보고 생각을 서로 연결하여 새로운 시각을 만들어냄
- 정보지향성: 질적, 양적인 면에서 집요하게 정보를 수집
- 전문성: 유용한 새로운 전문적 지식과 스킬을 습득하고 비즈니스에 활용
- 대인임팩트: 논리적, 감정적인 영향력을 의도적으로 활용하여 상대에게 영향을 미침
- 관계구축력: 개인적인 신뢰관계를 쌓으려고 함
- 조직감각력: 비공식적인 정치력, 조직 구조, 풍토에 민감
- 자신감: 리스크가 높은 업무에 도전하거나, 권력 있는 사람에게 대항
- 셀프컨트롤: 스트레스 상황 가운데서도 감정적이지 않게 행동
- 조직지향성: 조직의 기준, 니즈, 목표를 이해하고 그것을 촉진하도록 행동

이밖에도 2000년대 이후에는 국가기관과 연구기관 혹은 컨설팅 펌에서 조직 성과 측면에서 요구하는 역량에 대해 다양한 연구를 이어가고 있다.

공무원 역량

- 윤리의식: 대한민국 국민의 공복으로서 기본적으로 갖추어야 할 윤리를 준수하고 이를 기준으로 행동하는 능력
- 협조성: 수행업무의 성과와 질을 높이기 위하여 최선을 다하여 필요한 자기학습을 위해 노력하는 능력
- 고객(수혜자) 지향: 업무와 관련된 내외부의 대상 집단과 국민이 원하는 바를 이해하고, 업무수행 결과가 고객의 요구를 충족할 수 있도록 배려하는 태도와 능력
- 전문가 의식: 수행업무 성과와 질을 높이고, 보다 높은 성과의 창출을 추구하며, 이를 위해 필요한 새로운 지식과 기술을 지속적으로 학습하고 활용하는 태도와 능력으로, 성취지향성과 학습지향성을 포함하는 개념
- 경영 마인드: 사업하는 경영자가 성과를 추구하듯이 정책의 결과로 발생하는 수익성을 극대화하기 위한 방법을 연구하고, 실제 업무수행 과정에서도 효과성과 효율성을 동시에 고려하는 능력
- 정보 수집 및 관리: 담당 업무수행에 필요한 정보를 효과적으로 수집하고, 적시에 이를 활용할 수 있도록 분류하고 정리하는 능력
- 문제 인식 및 이해: 수집한 정보 및 연계를 통해 발생 또는 대비할 문제를

적시에 감지하고, 사안의 성격, 발생 원인, 제약조건, 파급효과를 이해하여 문제의 핵심이 무엇인지를 규명하는 능력

- 자기 통제력: 적절한 일정 계획과 건강관리 등을 통해 과도한 업무량, 고난과 외압, 스트레스 등의 중압감을 이겨내고 자신의 감정을 조절하여 업무의 중심을 잃지 않는 능력

- 의사소통: 상대방의 상황 및 감정을 이해하고, 우호적인 분위기에서 자신이 의도한 바를 문장이나 언변 등으로 명확하게 이해시키는 능력

- 목표 및 방향 제시: 소속 부처의 정책 방향을 명확히 이해하고, 자신이 담당하는 조직의 업무 방향을 부처의 정책 방향과 연계시키고, 이를 부하 직원이 수용할 수 있도록 적극적으로 전파하고 솔선하는 능력

- 적응: 사업 및 정책의 변화에 맞추어 기존의 관행과 행동 패턴을 신속하게 변화시킬 수 있는 능력

- 전략적 사고: 장기적, 통합적 관점에서 우선순위를 명확히 하고, 이를 통해 구체적인 사업 목표를 수립해 자신이 담당하는 업무와 관련된 대안 구상과 실행 등을 부처의 전체 목표와 방향에 맞춰 생각하는 능력

- 지도와 육성: 부하 직원이 현재와 미래 행정력 발전의 자산임을 인식해 적절한 도전 기회와 환경을 제공하고, 지속적인 관심과 조언을 통해 체계적으로 부하 직원의 발전과 성장을 도모하는 능력

- 자원 및 조직관리: 관장하는 업무를 통해 효율적이고 효과적인 성과 창출을 위해 경영수완을 발휘, 인적, 물적 자원을 확보하고 관리하는 능력

- 정책 집행 관리: 추진 일정을 수립, 업무를 배분하여 일정대로 집행하고, 예기치 못한 위기와 돌발상황 발생 시 대처하는 능력

- 정치적 기지: 업무수행 시 단순히 업무효율이나 효과만을 고려하는 것이 아니라 영향을 미치는 이해관계, 즉 정치적 역학관계를 고려하여 해결책을 모색하고, 해당 사업 혹은 정책에 필요한 자원 및 지지를 확보하는 능력

- 조직 통합력: 다양한 부서의 이해가 결집된 사안에 국가와 부처 전체 이익이라는 관점에서 판단하고 균형 잡힌 해결책을 제시하는 능력
- 협상력: 대등한 혹은 불리한 입장에서도 사안의 조정과 양보를 통해 합리적으로 합의점을 도출하여 상대방으로부터 동의와 협력을 획득하는 능력
  (출처: 행정안전부, <과학적인 인사관리를 위한 역량평가 매뉴얼>, 2008)

이렇게 다양한 연구 내용을 외우라는 건 아니다. 역량에 대해 전문적으로 알아본 것은 여러 역량의 개념을 학습하고 이해도를 높이기 위한 과정이며, 조직이 원하는 역량이 무엇인지 참고하기 위함이다. 취준생 입장에서는 이러한 역량을 발휘한 경험이 있는지 돌아보고, 자신이 지원하는 직무나 조직생활에서 필요한 역량인지 살펴볼 필요가 있다. 만약 필요하다면 해당 역량의 정의가 무엇이고, 왜 필요하며 조직에서 해당 역량을 더 발휘하기 위해서는 어떤 것들이 더 필요한지 고민해서 표현하는 것이 핵심이다.

지금까지 조직, 성과 관점에서 연구된 역량을 알아봤다. 취업 준비 과정에서 가장 많이 알려진, 즉 국가가 표준화한 역량도 정리하고 넘어가자. 국가직무능력표준ncs.go.kr에서 볼 수 있는 10가지 직업기초능력은 국가가 기준을 잡고 정리한 역량의 개념이기 때문에 참고하기 유용하다. 공공기관과 공기업 준비에만 필요한 것이 아니라 역량에 대한 이해도를 높이는 데 참고할 수 있다.

직업 기초 능력	하위 능력
의사소통 능력	문서이해 능력, 문서작성 능력, 경청 능력, 의사표현 능력, 기초외국어 능력
수리 능력	기초연산 능력, 기초통계 능력, 도표분석 능력, 도표작성 능력
문제해결 능력	사고력, 문제처리 능력
자기개발 능력	자아인식 능력, 자기관리 능력, 경력개발 능력
자원관리 능력	시간자원관리 능력, 예산관리 능력, 물적자원관리 능력, 인적자원관리 능력
대인관계 능력	팀워크 능력, 리더십 능력, 갈등관리 능력, 협상 능력, 고객서비스 능력
정보 능력	컴퓨터 활용 능력, 정보처리 능력
기술 능력	기술이해 능력, 기술선택 능력, 기술적용 능력
조직이해 능력	국제감각 능력, 조직체제이해 능력, 경영이해 능력, 업무이해 능력
직업윤리	근로윤리, 공동체윤리

대학생활에서 고민하는 경험 해시태그

#전공 #친구 #대외활동 #공모전 #인턴 #자격증 #여행 #휴학

#전공

전공이라는 경험을 할 때 고민되는 것은 우선 '전공을 살려야
하는가?'라는 질문이다. 이 부분은 진로라는 개념으로 접근할 필요
가 있다. 진로 측면에서 스스로가 생각을 명확하게 정리해야 분명
해진다. 그렇지 않으면 계속해서 생각이 꼬리를 물 것이다. 이 부분
은 책 마지막 부분의 '취준생이 자주 묻는 질문에 대한 유재천 코
치의 따뜻한 코칭'의 내용을 참고하라.

전공 측면에서 다음 고민은 '도대체 이 공부를 왜 해야 하지?'

라는 질문이다. 사실 직장생활을 시작하면 새롭게 배워야 할 것들이 굉장히 많지만 전공 공부를 제대로 하지 않으면 실제 업무에서 이해조차 못하는 것들이 많아진다. 따라서 지금 하는 공부가 어렵게 느껴지거나 왜 해야 하는지 모르겠다면 나중을 위한 기초 공사이자 연습이라고 생각하는 게 좋다.

#친구

대학에 오면 동기, 선배, 후배 등 다양한 사람들을 만난다. 새로운 사람들과 커뮤니케이션을 하고 인간관계를 맺게 되는데 그중 가장 많은 이야기를 나누는 사람은 친구다. 그런데 종종 '대학교 친구들보다 고등학교 친구들이 더 좋아'라는 생각이 들기도 한다. 그래서 대학 친구들과는 괜히 거리를 두거나 자신만의 세계의 빠지는 경우도 있다. 하지만 지나고 나면 각각 친구들의 소중함을 느끼게 된다. 굳이 비교할 필요는 없다. 각 친구들을 있는 그대로 좋아하면 더 오랫동안 소중한 친구로 남을 것이다.

#대외활동

대외활동을 하는 목적은 새로운 사람을 만나서 소통하고 대인관계를 구축하는 역량을 키우기 위해서다. 따라서 가능한 한 새로운 영역에 도전해서 이러한 역량 향상을 목적으로 다른 경험을 해보길 추천한다. 경험의 종류 역시 동질집단보다는 이질집단의 경험을 추천한다. 과 동아리보다는 중앙 동아리, 우리 학교에서만 할 수 있는 것보다는 다른 학교 학생들과 함께 할 수 있는 경험을 추천한다. 물론 동질집단의 경험도 충분히 좋은 경험이다. 아직 선택과 도전을 할 수 있다면 이질집단의 경험으로 더 도전하길 바란다.

#공모전

공모전에서 입상할 수도 있고 그렇지 않을 수도 있다. 타이틀이 있으면 더 좋겠지만 없어도 괜찮다. 공모전은 서로 다른 사람이 모여서 공동의 목표를 이루는 과정 자체가 중요하다. 회사는 이 과정을 팀워크라는 역량 개념으로 평가한다. 공모전을 통해서 팀워크를 키운 과정을 강조해서 전달하자. 또한 이러한 경험이 부족하다면 비슷한 경험을 계획할 필요가 있다. 회사에 가면 다른 팀과 혹은 다른 회사와 협업을 한다. 여기에 필요한 역량을 사전에 연습하고 키우는 경험이 공모전이다.

#인턴, 현장실습

인턴은 뽑는 인원이 적기 때문에 합격하기 쉽지 않지만 최대한 도전하길 추천한다. 직접 조직 경험을 할 수 있는 좋은 기회이기 때문이다. 만약 인턴이 어렵다면 계약직도 괜찮다. 또 기간 역시 중요하진 않다. 기업이 인턴이나 현장실습을 몇 개월 했으니 몇 점, 이런 식으로 평가하진 않는다. 물론 너무 짧은 기간은 경험하고 표

현할 것들이 없기 때문에, 적어도 한 달 이상의 기간을 찾아봐야
한다. 계약직 외에도 학교에서 방학기간에 지원해주는 현장실습도
괜찮다. 내가 어떤 관점으로 경험을 바라보느냐와, 나중에 어떤 목
적으로 표현하는지가 무엇보다 중요하다.

인턴십 찾는 방법

- 취업 포털사이트 혹은 취업 커뮤니티사이트
- 취업·채용 어플리케이션
- 잡알리오(job.alio.go.kr)
- 포털사이트 뉴스 검색(키워드: 인턴 채용 모집)
- 학교 홈페이지의 경력개발센터·인재개발원·학생취업처·대학일자리센터 등

#자격증

경험을 위한 시간이 확보되면 도전하는 것이 자격증이다. 자격
증은 국가자격증과 민간자격증이 있다. 우선 국가자격증이 공신력
있고 인정해주는 곳이 많기 때문에 추천한다. 민간자격증은 관련
된 노력을 어필할 수 있는 정도로 보면 된다. 물론 가장 중요한 기
준은 당신이 가고 싶은 기업의 채용공고를 통해서 가산점 혹은 우
대사항을 확인하는 것이다. 애매모호하다면 인사 담당자에게 직
접 문의하는 것이 가장 명확한 방법이다.

#여행

여행의 목적은 재미, 친목, 새로운 경험 등 다양할 수 있다. 그 중에서 대학생활과 취업 측면에서 추천하는 중요한 목적은 자기이해다. 여행을 통해서 자신을 알아가는 경험을 하고, 이를 바라보는 관점을 키워서 사회로 나갈 준비를 더 탄탄하게 해보자. 여행은 기본적으로 재미가 따르기 때문에 다른 어떤 것보다 동기부여가 잘 되는 경험이다. 여럿이서, 혹은 혼자 여행을 계획하고 떠나보자. 여행에서 느끼고, 배우고, 마음먹은 것들을 기록하며 자신을 조금씩 더 알아보자. 여건이 된다면 가능한 멀리, 가능한 오랫동안, 또 가능한 다양한 사람들을 만나길 추천한다. 그 과정에서 새로운 자신을 만나게 될 것이다. 이러한 경험 자산은 분명 미래에 더 큰 가치로 발전할 것이다.

#휴학

휴학이라는 경험 역시 대학생과 취준생이 많이 하는 질문이다. 이에 대한 의견은 책 뒤편 '취준생이 자주 묻는 질문(FAQ)에 대한 유재천 코치의 따뜻한 코칭'에서 살펴보자.

Take information
정보 수집 및 분석 역량

정보 수집 및 활용 방법

취업을 준비하는 과정에서 취준생은 많은 정보를 접한다. 취업 포털사이트나 취업 커뮤니티사이트를 통해서, 학교에서 제공하는 진로나 취업 관련 강의에서, 주변 취준생들을 통해서 등등 다양한 경로로 많은 정보와 접한다. 그러나 너무 많은 정보로 인해서 무엇이 중요한지 모르면 전략을 수립하기 어렵다. 따라서 정보 수집을 어떻게 하고, 또 어떻게 활용할지 제대로 알아야 한다.

앞서 선택을 잘하는 방법과 취업 준비 핵심 전략에서 노트에 기록하는 것의 중요성을 여러 차례 강조했다. 왜냐하면 상대가 원하는 것은 '그래서 어떻게 생각하세요?'이기 때문이다. 그런데 자기 의견을 표현하기가 쉽지 않기 때문에 노트를 여러 번 보며 내용을 연결하고, 그때 드는 생각을 다시 기록해야 한다고 강조했다. 수많은 정보를 수집하고 활용하는 방법은 이것이 핵심이다. 당신의 목적은 결국 자기소개서나 면접에서 상대가 원하는 관점으로 상대가 원하는 표현을 해야 하는 점이다.

산업, 기업, 직무 분석 방법

취업의 '빅 픽처Big Picture'는 산업, 기업, 직무다. 앞서 취업 준비 핵심 전략에서 살펴본 것처럼, 가장 중요한 전략은 스스로 큰 그림을 그리는 것인데, 여기서 큰 그림의 카테고리가 바로 산업, 기업, 직무다. 즉 자신이 나아갈 방향을 설정한 다음 이를 상세하게 분석해야 한다.

취업 Big Picture

세상의 변화　　산업　기업　직무　전공　자기분석　　나

Matching

합리적인 직무 선택

직무 요구 역량 개발

위 그림의 오른쪽을 먼저 보자. 여기 가장 소중한 자기 자신이 있다. 대학에 들어와서 자신에 대한 이해와 분석을 바탕으로 전공 공부를 열심히 해왔다. 이제 사회로 나갈 준비를 본격적으로 하고 있다. 상대편에는 누가 있을까? 세상은 변화한다. 산업 구조는 재편된다. 기업이 비즈니스 영역에서 경쟁하고 살아남기 위해서다. 기업은 고객에게 제품 또는 서비스를 제공하는데, 이는 이윤을 창출하기 위한 활동이다. 이러한 기업은 산업에 포함되어 있고, 그 기업은 조직으로 구성되어 있다. 다시 말하면 직무로 구성되어 있다. 우리가 나아가야 할 방향이다. 이것이 취업의 빅 픽처Big picture다.

큰 그림을 볼 줄 알아야 무엇이 중요한지 알 수 있다. 이제 진짜 중요한 것들에만 집중해서 취업 준비를 해야 한다. 또 '왜Why'라는 질문을 반복해서 연습하며 준비해야 한다. 큰 그림을 정리했으니 이제 본격적으로 당신이 나아가야 할 방향에 있는 산업, 기업, 직무 분석 방법에 대해 알아볼 것이다. 그런데 그 전에 다시 '왜Why'를 살펴보자. 조직에서도 일을 잘하는 사람은 먼저 이유와 목적을 생각한다. 우리가 산업, 기업, 직무에 대해 정보를 탐색하고 분석하는 목적은 무엇일까?

1. 산업, 기업, 직무 선택에 참고하기 위해서
2. 필요한 준비를 하기 위해서
3. 설득하기 위해서

물론 첫 번째 목적은 선택에 참고하기 위해서다. 당신은 어떤 산업에서 일할지, 어느 기업에서 근무할지, 또 어떤 직무로 지원할지 고민한다. 다음 목적은 필요한 준비를 하기 위해서다. 알아야 준비할 수 있기 때문에 정보를 얻고 분석해야 한다. 그런데 사실 세 번째 목적이 가장 중요하다. 결국 취준생에게 필요한 건 설득이다. '제가 적임자이니까 저를 뽑아주세요'라고 회사를 설득해야 하는데, 여기에 필요한 것이 바로 상대와 관련된 것들이다.

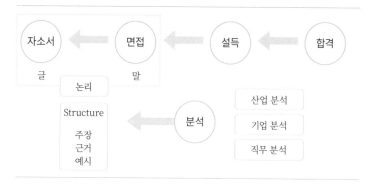

합격을 위해서는 설득을 해야 한다. 그렇기 때문에 정보 수집과 분석의 세 번째 목적이 무엇보다 중요하다. 그렇다면 다음으로 생각을 이어가 보자. 설득을 하기 위해서는 무엇이 필요할까?

일단 기업은 글과 말로 자신을 설득해보라고 한다. 자기소개서와 면접을 통해 해당 직무와 기업에 적합한지 먼저 설득해보라고 권한다. 이러한 설득에 필요한 것은 정보의 양, 정보의 암기, 스펙이 아니다. 어떻게 상대 관점에서 표현할지에 대한 준비다. 바꿔 말하면 설득할 수 있는 준비다.

설득에 필요한 건 '논리'다. 처음 보는 사람에게 논리 없이 그냥 전달만으로 설득하는 건 가족과 친한 친구 외에는 불가능에 가깝다. 논리가 있어야 설득할 수 있다. 다음 생각으로는 논리에 필요한 것들을 바라봐야 한다. 논리에는 무엇이 필요할까?

논리에 필요한 건 '구조Structure'다. 논리라는 것은 무언가 구조적으로 구성되어 있음을 뜻한다. 자기소개서나 면접에서 지원자가 면접관에게 감상을 말하거나 감동을 전하기보다는 논리적인 구조를 통해 설득을 해야 한다.

이제 마지막 질문이다. 그렇다면 구조라는 것은 무엇일까? 사실 구조에는 정답이 있는 게 아니지만, 구조의 구성 요소에는 주장과 의견이 반드시 포함되어야 한다. 정보만 나열한 구조로는 상대를 설득할 수 없다. 특히 정보는 상대가 더 많이 알고 있는 부분이기 때문에 취준생이 정보만으로 구조를 설계한다면 당연히 취약할 수밖에 없다.

결국 우리가 산업, 기업, 직무를 분석하는 이유는 설득에 필요한 요소를 만들기 위해서다. 앞서 취업 준비 전략이나 정보 수집의 중요성에서도 강조했듯이, 우리가 만들어야 할 궁극의 결과물은 의견이고 이를 뒷받침할 수 있는 근거와 예시다.

먼저 알아야 할 부분은 산업, 기업, 직무에 대해 시험을 치르진 않는다는 점이다. 일부 기업은 전공과 직무에 대해 시험과 비슷한 형태의 면접을 보지만, 그렇다고 전공 서적에 출제되는 문제처럼 계산을 통해 답을 도출하는 형태가 아니다. 기본적인 개념과 중요한 내용에 대한 이해도를 묻는다. 그 안에 있는 궁극적 목적은 산업, 기업, 직무에 대한 이해도와 준비도에 대한 평가다. 결론은 산업, 기업, 직무를 분석할 때, 처음부터 주장, 근거, 예시로 활용 가능한 것들을 기획하며 바라보라는 것이다. 이것이 구체적인 분석 방법을 살펴보기 전에 갖춰야 하는 매우 중요한 관점이다.

이제 결과물을 바라보는 중요한 관점을 확실하게 파악했으니 각 영역의 분석 방법을 알아보자.

산업 분석 방법

기업 관점에서 봤을 때, 기업은 생존을 위해 산업에 관심이 많고, 그렇기에 산업이 중요하다. 그렇다면 기업이 산업에서 어떤 부분들에 관심이 많은지를 봐야 한다. 이를 파악하기 위해서는 우선 거시적으로 봐야 한다. 하지만 거시적으로 본다고 해서 기업이 중요하게 보는 것을 모두 파악하긴 어렵다. 거시적으로 본다는 말은 경영자의 관점으로 경영 환경이라는 거시적 환경과 변화를 살펴야 한다는 뜻이다. 따라서 거시적 관점으로 경영 측면에서 기업이 중요하게 생각할 만한 것들을 추려내야 한다. 이를 위해서는 산업 측면에서 중요한 카테고리를 수집하는 방법을 추천한다. 다음 그림은 이러한 카테고리를 나타낸 것이다. 결국 산업 분석을 할 때 중요한 카테고리이자 검색 키워드가 될 것이다.

산업 Category

이러한 카테고리 분석에 도움이 되는 검색 방법을 소개한다. 위의 그림에서 카테고리가 곧 검색 키워드가 될 것이지만, 어디에서 검색할지 역시 중요하기 때문에 몇몇 사이트와 분석 방법을 참고해서 산업 분석 카테고리를 한 페이지씩 채워나가길 바란다.

1. 산업연구원www.kiet.re.kr

산업연구원은 국책연구기관으로 1976년에 설립되어 산업과 무역의 정책을 수립하기 위한 지원을 해오고 있다. 기업이 경영 측면에서 중요하게 참고해야 할 자료들이 충실하게 제공된다. 올라오는 리포트를 참고한다면 경제 전체나 희망하는 산업 분야에 대한 전문 지식을 습득하고 분석할 수 있다. 보고서의 수준도 높고 산업별 정보 역시 참고하기에 손색이 없다. 따라서 1순위로 추천한다.

2. 경제 신문

다음 추천은 경제 신문이다. 경제 신문에는 산업과 기업이 있다. 다시 말해서 기업 경영 측면에서 중요한 산업과 기업에 대한 내용이 들어 있다는 말이다. 가능한 한 구독을 하면서 희망하는 산업이나 기업에 대한 기사가 나왔을 때 더 집중해서 읽으면 좋다.

그런데 경제 신문은 처음 읽으면 잘 읽히지 않는다. 때문에 한 번 읽기 시작한 기사는 반드시 끝까지 읽겠다는 자신과의 약속이 필요하다. 또한 처음부터 '이 내용은 주장이나 근거로 활용하면 좋겠다'는 생각을 가지고 노트에 기록하면 큰 도움이 된다. 우리가 활용해야 하는 분석의 결과물은 이런 과정에서 나온다. 처음부터 기획하라는 말이다. 이것이 시간을 효율적으로 활용하는 방법이자 취준생에게 필요한 역량이다.

경제 신문은 경제뿐만 아니라 사회, 문화 등 다양한 분야에 대한 내용도 포함한다. 따라서 거시적인 부분을 함께 참고할 수 있다. 자투리 시간에 경제 신문을 보는 습관을 가져보자. 별도도 준비할 시간이 부족한 시사상식과 함께 산업, 기업에 대한 분석도 할 수 있다.

3. 검색

'검색'하면 기본적으로 포털사이트 검색이 떠오를 것이다. 네이버나 다음에서 검색하는 방법은 기본 중 기본이다. 그런데 여기에서 키워드를 무엇으로 할 것인지가 관건이다. 앞에서 추천한 방법을 통해 중요한 키워드를 잘 수집해두어야 한다.

포털사이트에는 너무 많은 광고성 글로 인해서 검색이 어렵다. 이를 해결하기 위해서는 검색 분류를 잘 설정하면 되는데, 가능한 한 '뉴스' 중심으로 분류해서 보면 좋다. 또한 뉴스의 하위 분류에서 '일간지' 중심으로 설정하면 편리하다. 요즘은 워낙 인터넷 언론사가 많아서 모두 보기에는 정보의 양이 너무 많다. 일간지만 살펴본다면 좀 더 효과적으로 검색할 수 있다.

대표적인 포털사이트 외에도 '구글링'을 하는 방법도 병행하는 것이 좋다. 검색 엔진의 구동 방식이 다르기 때문에 더 다양하고 핵심적인 내용을 파악할 수 있다. 구글에서 적절한 키워드로 검색해서 여러 페이지를 차근차근 살펴보자.

4. 협회나 학회 사이트

주요 산업 분야에는 협회나 학회가 있다. 이러한 곳의 홈페이지에 들어가면 해당 산업 분야의 중요한 이슈나 최신 정보를 쉽게 찾아볼 수 있다. 각 산업 분야에서 활발하게 논의되고 있고, 긴급하게 해결해야 하는 과제를 중심으로 참고하기에 적절한 정보가 잘 정리되어 있으니 꼭 살펴보자.

5. 전자공시시스템DART

전자공시시스템은 금융감독원이 권고한 공시 서류를 상장법인이 인터넷으로 제출하고, 누구나 조회할 수 있도록 만든 기업 공시 시스템이다. 여기에서 기업명을 입력하고 조회하면 여러 가지 리포트를 확인할 수 있는데, 이 가운데 산업 분석과 관련해서 살펴볼 부분은 가장 최근 '분기보고서'의 '사업의 내용'이다. 산업의 특성, 산업의 성장성, 경기 변동의 특성, 경쟁 요소, 자원 조달상의 특성, 관련 법령 또는 정부의 규제, 회사의 현황 등 회사 입장에서 매우 중요한 산업 카테고리를 목차로 구성해서 정리한 내용이다. 한 가지 주의할 점은 지난 분기의 보고서이므로 현재 시점에서 필요한 부분은 기사나 홈페이지 등을 통해서 정보를 업데이트해야 한다는 점이다. 물론 처음 본다면 이해가 가지 않는 부분도 많다. 따라서 처음부터 눈으로만 보지 말고 천천히 카테고리별로 기록하며 정리하는 방법을 추천한다.

전자공시시스템과 유사하게 중소기업의 정보를 제공하는 곳으로는 대한상공회의소www.korcham.net가 있다.

6. 한경컨센서스

추가로 한경컨센서스consensus.hankyung.com에서 제공하는 리포트를 추천한다. 기업 리포트, 산업 리포트, 시장 리포트 등 다양한 자료가 제공된다.

기업 분석 방법

기업 분석 역시 카테고리가 중요하다. 기업과 관련된 이야기를 할 때 어떤 카테고리를 제시할 것인지가 관건이기 때문이다. 기업 분석에서 살펴봐야 할 카테고리는 어떻게 찾아야 할까?

1. 기업의 보고서 목차 참고하기

기업이 경영 환경을 분석하는 보고서를 예로 들어보자. 어떤 목차가 있을까? 먼저 목적과 목표가 나온다. 이것은 경영 환경을 분석해서 경영 전략을 수립하는 것이다. 다음으로 기본적인 목차에는 '시장 트렌드(외부)'와 '회사 현황(내부)'이 등장하고, 이를 바탕으로 '전략'을 수립한 후, 전략을 실행하기 위한 '방안'과 '기대효과'로 목차가 이어진다. 마지막에는 예상되는 어려움을 언급하면서, 이러한 어려움이나 장애물을 극복하기 위한 방안과 추가 대책을 제시한다.

이처럼 기업의 보고서 목차에는 기업이 중요하게 생각하는 내용이 잘 정리되어 있다. 보고서의 목차는 대표적으로 구글 이미지 검색에서 '보고서 목차', '경영전략 보고서' 등과 같은 키워드로 검색해보면 참고할 만한 보고서를 많이 찾을 수 있다. 주요 보고서에 반복적으로 나오는 목차는 기업 경영에서 중요하게 보는 카테고리다. 또한 프레임워크Framework도 대표적인 분석 방법이다. 3C, 4P, STP, SWOT, PEST 등의 분석 방법 역시 기업이 중요하게 고려하는 내용이 많이 포함되어 있다. 3C만 해도 고객 측면, 경쟁사 측면, 자사 측면이라는 중요한 카테고리 그 자체다. 이때 3C와 관련된 내용 중에서 질문으로 구성된 것들은 특히 생각해보거나 제시해볼 만한 것들이 많다.

또 중요한 것은 해당 카테고리를 외우는 것이 아니라 직접 분석해보는 것이다. 사실 SWOT 분석을 모르는 취준생은 거의 없다. 중요한 건 해당 기업에 대해 강점, 약점, 기회, 위협을 직접 분석하는 것이 훨씬 중요하고, 분석 후에는 충분히 고민하는 시간도 가져야 한다.

나아가 세계적인 경영학자가 주장한 분석 이론의 카테고리를 참고하거나, 세계적인 경영 컨설팅 회사에서 제공하는 카테고리를 살펴보는 방법도 유용하다.

2. 기업·기관의 홈페이지 분석

다음으로 역시 기업 분석의 기본이라고 할 수 있는 홈페이지 분석이다. 홈페이지에 접속하면 먼저 살펴볼 부분이 회사의 개요

나 설립 목적, CEO나 기관장의 메시지 등이다. 그런데 이러한 내용은 별로 감흥이 없다. 보통 '그렇구나'라고 생각하며 넘긴다. 하지만 여기에 굉장히 중요한 키워드가 많이 포함되어 있다. 보통 기업의 홍보팀에서 많은 검토와 결재를 거쳐서 업데이트하는 부분이기 때문에, 현재 시점에서 기업이 중요하게 보는 내용이 포함되어 있다는 말이다. 따라서 자주 출현하는 키워드를 수집하고 고민해봐야 한다.

- 회사 개요·설립 목적(+CEO·기관장 메시지)
- 주요 사업(기존 사업·신사업) + 최신 이슈(기사) + 제품·서비스, 기술, 산업
- 비전, 핵심가치, 인재상
- 조직도(+희망 직무와 연결)
- 채용공고의 특이사항

홈페이지에서 다음으로 살펴볼 부분은 사업이다. 기업은 사업을 통해서 수익을 창출하기 때문에 무엇보다 사업이 중요하다. 사업은 기존 사업과 신사업으로 구분할 수 있는데 당신이 지원하는 직무가 어떤 부분에 포함되는지 고려해서 살펴보길 권한다. 사업에는 이슈가 있다. 따라서 기사를 검색하며 사업과 연결해서 정보검색을 하고 생각을 이어가는 방법이 좋다. 대기업의 경우 기사가 많지만 중견, 중소기업은 기사가 많지 않다. 이 경우에는 홈페이지가 가장 중요한 분석 경로다. 기업 입장에서는 홈페이지에 주로 자

사의 중요한 사업 이슈를 노출하려고 하기 때문이다.

공공기관의 경우에는 물론 시장형 공기업도 있지만 그렇지 않은 경우에는 수익 창출을 위한 사업보다는 공공 서비스를 제공한다. 해당 서비스의 제공 목적, 제공되는 서비스의 이슈 등을 살펴보면 좋다.

다음에 살펴볼 부분은 비전, 핵심가치, 인재상인데, 이 부분도 보통 '그렇구나' 하고 넘어가기 쉽다. 그러나 이 부분에도 역시 중요한 키워드가 나온다. 해당 키워드를 수집하고 키워드에 대한 설명을 꼼꼼히 살펴보자. 해당 기업이 말하는 열정은 어떤 것인지, 혹은 창의적인 인재는 어떤 인재인지 한 번 더 생각해보라는 것이다. 단순히 키워드만 숙지하기보다는 한 걸음 더 나아가 기업 입장에서 생각해보는 자세가 필요하다.

또 홈페이지에서 살펴볼 부분은 조직도다. 전체 조직도를 보면서 당신이 일하게 될 조직의 상위 부서는 어디이고, 누구와 커뮤니케이션을 많이 하게 될지 등을 파악해보자.

마지막으로 채용공고를 살펴보며 특이사항을 알아봐야 한다. 가산점에 대한 부분과 채용 프로세스에서 특이사항이 있는지 파악하는 것이다. 또한 면접에서 특별한 유형은 무엇인지 등도 살펴봐야 한다. 만약 채용공고에서 확인하기 어려운 부분은 채용공고를 올린 인사 담당자에게 이메일이나 전화로 문의하면 된다. 주의할 점은 채용과 관련된 질문만 해야 한다는 것이다.

더 나아가서 해당 기업의 제품이나 서비스를 직접 사용해보거나 분석해보는 노력도 추천한다. 실제로 면접에서 질문으로 나오기도 하는 것이 해당 회사의 제품이나 서비스에 대한 내용이다.

3. 취업 포털사이트 및 취업 커뮤니티사이트

취업 포털사이트나 취업 커뮤니티사이트를 살펴보는 방법 역시 기본이다. 중요한 건 분석 목표를 가지고, 구체적으로 정한 시간에, 눈으로만이 아니라 직접 기록하며 분석하는 것이다. 취업 포털사이트는 취업 관련 서비스 제공 자체가 사업이기 때문에 내용이 잘 구축되어 있다. 목표와 계획에 따라 활용하면 유용한 정보를 손쉽게 얻을 수 있다. 취업 커뮤니티사이트에서는 면접 후기와 같은 텍스트 정보가 많기 때문에 이를 잘 수집해놓자.

4. 기업 분석 리포트 제공 사이트

앞서 살펴본 한경컨센서스 사이트 외에도 기업 분석 리포트를 제공하는 사이트가 많다. 취업 분야에 집중해서 정보를 제공하는 사이트는 진학사에서 운영하는 캐치www.catch.co.kr가 대표적이다. 또한 증권사에서 제공하는 정보도 접속 권한을 갖고 찾아본다면 유용한 것이 많다.

5. 취업 동아리, 스터디 활용

마지막으로 취업 동아리나 스터디를 활용해서 기업 분석을 하는 방법이 있는데, 여기에서 중요한 점은 운영 방식이다. 취준생 입장에서 취업 동아리나 스터디에서 아쉬운 점은 그 안에 전문가가 없다는 것이다. 따라서 서로 정보만 공유하는 선에서 그치는데, 이럴 때 중요한 부분은 이미 충분한 역량을 갖춘 취준생이 모여 있다는 점이다. 즉 집단지성을 활용해야 한다. 특히 상대방이 원하는 것은 생각과 의견이기 때문에, 각자가 반드시 의견을 활발하게 제시하며 서로 자극을 주는 과정이 필요하다. 따라서 동아리나 스터디 운영 시 운영 방식으로 개인당 몇 번 이상의 의견 제시를 필수로 하는 방법을 추천한다.

운영 측면에서 추가로 필요한 부분은 처음부터 총 몇 회, 어떤 주제를 다룰 건지 정해야 한다는 점이다. 막연하게 계속 모이는 것보다 처음부터 주제와 횟수를 정하는 게 좋다. 추천하는 주제는 산업 분석, 기업 분석, 직무 분석이다. 나머지는 채용 프로세스에 있는 자소서, 모의면접이다. 인적성은 기업에 맞춰서 별도로 스터디를 많이 하는 편이므로 산업, 기업, 직무 분석 그리고 채용 프로세스가 핵심이다. 핵심에 집중해서 집단지성을 발휘해보자. 취업 동아리나 스터디 운영 및 참여 방법은 'Network. 네트워크 역량' 부분에서 더 상세하게 알아볼 것이다.

직무 분석 방법

지금까지 산업 분석, 기업 분석 방법을 살펴봤다. 이제 가장 중요한 직무 분석 방법을 알아보자. 직무 분석이 가장 중요한 이유는 취업 과정에서 직무와 관련된 질문을 훨씬 더 많이 받기 때문이다. 직무는 기회다.

먼저 직무의 개념부터 다시 이해하고 가자. 직무란 무엇일까?

직무(職務, job·duty)
- 직책이나 직업상 책임을 갖고 담당하여 맡은 일
- 과업 및 작업의 종류를 수준이 비슷한 업무들로 묶은 집합
- 어느 정도 비슷한 업무 내용을 하나의 관리 단위로 설정한 것

직무는 '일을 묶어놓은 것'이라고 이해하면 된다. 이렇게 기업이 직무를 구분해서 묶어놓은 이유는 '관리'하기 위해서고, 이를 통해 '생산성'을 높이려고 하는 것이다. 구분하지 않으면 편차가 많아져 관리하기 어렵고 생산성을 높이기도 어렵다. 따라서 일을 묶어서 비슷한 일을 하는 사람들을 모아놓으면 협업과 집단지성으로 성과를 높일 수 있다. 이런 장점이 있기 때문에 일을 묶어놓는데, 취준생 입장에서는 기업의 목적을 이해하고 접근하는 것이 중요하다. 기업은 절대 목적 없이 무언가를 하지 않는다. 그렇기 때문에 지원자가 조직과 직무에 대한 이해도가 높아야 일을 잘할 것이

라고 기대하고, 또 그런 사람을 뽑는다.

지금까지 산업과 기업에 대한 이해도를 높였기 때문에 확대해서 생각해보자. 직무는 큰 그림과 어떻게 연결될까? 기업이 만든 제품이나 서비스를 상품이라고 한다. 상품을 고객에게 판매하고 고객은 비용을 지불한다. 결국 큰 그림은 비즈니스다. 기업은 비즈니스를 통해 돈을 벌기 위해 존재하고, 조직으로 구성되어 있다. 조직은 각 직무의 집합체인데 상품을 더 잘 설계하고, 제조하고, 마케팅하고, 유통될 수 있도록 관리하기 위해 직무별로 구분되어 있는 것이다.

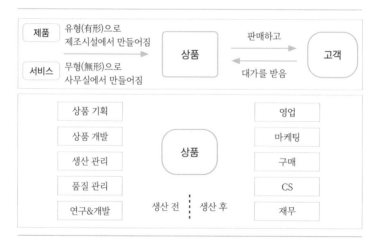

"지원한 직무에서 구체적으로 어떤 업무를 맡고 싶으신가요?"

"지원한 직무에 대해서 아는 대로 말씀해보세요."

"지원한 직무에서 본인의 비전을 말씀해보세요."

이러한 질문에 대한 당신의 대답은 무엇인가? 단순히 직무에 대해 외운 내용을 그냥 복사해서 붙여넣기 할 생각은 안 된다. 직무에 대해서 얼마나 이해하고 있고 얼마나 고민했는지가 담겨 있어야 한다. 직무 역시 카테고리 싸움이다. 이해와 고민이 담긴 카테고리를 준비해야 한다. 대답에 이러한 내용들이 풍부하게 포함되어야 상대방의 고개를 끄덕이게 만들 수 있다.

그런데 위와 같은 질문을 받았는데, 직무 기초 지식(전공), 직무 요구 역량, 직무 관련 교육에 대해 이미 말했다면 추가적으로 대답할 내용은 무엇이 있는가? 사실 위의 세 가지 카테고리는 이제 기본이자 필수가 되었다. 특히 요즘은 직무 관련 교육조차 필수적으로 기업이 요구하고 있는 상황이다. 따라서 그 외에 무엇을 더 제시할 수 있을지 고민해보고 준비해야 한다.

Category의 중요성

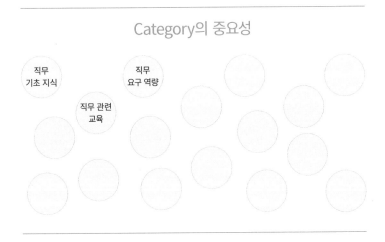

직무에 대한 개념 이해와 직무에 대한 질문의 중요성을 살펴봤으니 이제 직무 분석 방법을 살펴보자. 직무 분석을 통해서 카테고리를 확보해야 한다.

직무 분석에도 기본에 집중하는 것이 우선이다. 회사의 홈페이지에서 채용에 관한 내용을 살펴보면 가면 직무 소개가 있다. 취업 준비 전략으로 산업, 기업, 직무의 우선순위를 정했다면, 원하는 직무에 대한 기본 분석을 위해 기업 홈페이지의 직무 소개를 분석해야 한다. 특히 계열사가 많은 대기업이 정리를 잘해놓았다. 텍스트로 인터뷰를 한 내용도 있고 영상 인터뷰 자료도 있다. 따라서 자신이 원하는 직무에 대해 해당 산업의 여러 기업에서 소개한 직무의 내용을 살펴봐야 한다. 하지만 경험이 없기 때문에 한 번 보고 확실히 이해하는 건 당연히 어렵다. 여러 번 읽고 노트에 적어가면서 이해도를 높여야 한다.

홈페이지 직무 소개에서 중점적으로 살펴볼 부분은 주요 업무, 하루 일과, 필요한 역량이다. 이런 부분을 중심으로 분석하되 주요 키워드를 함께 정리해야 한다. 특히 압축적으로 표현된 홈페이지의 직무 소개에서 '무엇을 위한'이라고 표현된 '목적'을 찾아야 한다. 목적 외에도 매우 중요한 이유인 '왜Why'를 잘 찾아야 한다. 이러한 '목적'과 '왜'를 활용하여 자기소개서나 면접에서 상대방을 설득해야 하기 때문이다. 또 아직 해당 직무를 해보진 않았지만 '하는 일'을 더 잘할 수 있는 '어떻게how'를 고민해보는 것도 홈페이지 직무 분석에서 중요하다.

직무에 대한 이해도를 문제 형태로 시험을 보는 기업은 드물다. 물론 전공이나 직무 시험이 있다면 별도의 준비를 해야 하고, 그렇지 않다면 '직무 이해도'와 '직무 준비도' 측면으로 준비해야 한다. 기업이 두 가지를 평가하기 위해서 관련 질문을 하기 때문에 직무 이해도와 직무 준비도에 집중해야 한다. 즉 직무 분석을 할 때 가장 중요한 점은 어떤 카테고리를 중심으로 분석하고 정리할 것인지 파악하는 것이다. 직무 질문은 자소서와 면접에서 백 퍼센트 나온다. 따라서 카테고리 중심으로 정리하고 표현하는 연습을 미리해야 제대로 표현할 수 있다.

기본적인 직무 분석의 카테고리는 직무 기초 지식, 직무 요구 역량, 직무 관련 교육이다. 회사에서 요구하는 '직무 기초 지식'이라는 어휘는 취준생 입장에서 보면 전공이다. 다음 '직무 요구 역량'은 직무에서 매우 중요한 카테고리다. 왜냐하면 결국 기업은 직무에 필요한 역량을 갖췄는지, 갖추려고 노력했는지, 잠재력과 가능성이 있는지를 평가하기 때문이다. 다음으로 '직무 관련 교육'을 받았는지를 통해 추가적인 노력이나 관심도, 준비도를 평가한다. 이를테면 반도체 회사나 반도체 장비 업체에서는 반도체 공정 관련 교육 이수를 중요하게 본다. 이외에도 직무와 관련된 기술, 기술 경쟁력, 품질 경쟁력, 제품, 브랜드 가치, 마케팅 강점, 직무에 필요한 지식, 기술, 태도 등의 카테고리가 있다.

카테고리는 정답이 있는 것이 아니라 상대 입장에서 중요하게 생각하는 개념의 묶음이다. 따라서 분석하는 과정에서 직무 관련된 정보를 개념으로 묶어본다면, 상대가 관심을 갖고 있는 카테고리가 될 수 있다. 카테고리 중심으로 정리하고 묶어서 표현해야 상대가 중요하게 생각하는 것들을 정리해서 구조적으로 전달할 수 있다. 이것이 우리가 정보를 분석하는 단계에서 생각해야 할 분석의 목적이다.

직무 Category

직무 분석을 하며 취준생 입장에서 중요한 것은 해당 카테고리에서 기업이 더 잘하기 위해서 어떻게 해야 할까에 대한 고민이다. 기업 역시 늘 고민하는 부분이다. 물론 쉽지 않지만 고민해보았는지 그렇지 않았는지가 결국 구체성으로 표현될 것이고, 면접에서 첫 질문에 답변을 잘하거나 꼬리 질문에 대한 답변을 잘하는 것으로 이어진다. 예를 들어 현재 고객 입장에서 어떤 마케팅 전략이 필요해 보이는데, 어떤 면에서 어떻게 마케팅을 확대하는 것이 필요하다고 생각하고, 그렇게 생각하는 이유는 이렇게 고민해봤기 때문이라고 표현하는 것이다. 자소서나 면접에서 구체성이 나오지 않는 이유는 분석을 제대로 하지 않았거나 고민을 적게 했기 때문이다.

공공기관이나 공기업은 '직무기술서'를 통해서 직무 분석을 할 수 있다. 직무기술서의 카테고리는 능력 단위, 직무 수행 내용, 필요 지식, 필요 기술, 직무 수행 태도, 직업 기초 능력으로 되어 있다. 능력 단위는 업무의 상위 카테고리이자 직무의 목적이다. 직무는 목적을 중심으로 묶여진 덩어리이기 때문에 목적이 중요하다. 잘 숙지해야 한다. 다음으로 직무 수행 내용은 구체적인 업무의 종류를 말한다. 다음으로는 각각 직무에 필요한 지식, 기술, 태도를 나타내고 있다.

그런데 직무기술서에는 직급에 관계없이 해당 직무에서 하는 일을 모두 정리한 내용이 들어 있기 때문에, 직무기술서에 나와 있는 일들을 모두 이해하거나 표현하는 건 어렵다. 어떻게 자신과 연결해서 표현할 것인지가 중요하다. 예를 들어 직무 수행 내용에 있는 항목을 수행하기 위해서는 어떤 지식이 필요하다고 생각해서 전공 공부를 어떻게 했다는 내용과 연결하거나, 해당 일을 하기 위해서는 어떤 기술이 필요하다고 생각해서 어떤 교육을 받았다고 표현하는 것이다. 혹은 직무 기초 능력과 연결해서 말해도 좋다. 태도는 보통 지켜야 할 기본이기 때문에 우선은 지식과 기술을 참고하고 플러스알파로 활용하자.

직무 분석을 하며 충분히 고민을 해야 상대와의 연결점을 찾고 자신의 경험과 연결해서 표현할 수 있다. 해당 직무 수행을 더 잘하기 위한 고민, 일의 수행 관점에서 나의 경험을 연결해보자. 만약 지금까지의 경험에서 별다른 연결점이 없다면 지금부터라도 할 수 있는 경험이나 활동을 찾아보자. 시간이 없다면 관련해서 추가로 분석할 수 있는 것들을 찾아봐야 한다. 작은 부분이라도 찾고 연결점을 찾는 것이 직무 분석에서 매우 중요한 일이다.

Expression
표현하는 역량

기업은 채용 프로세스에서 지원자를 글과 말로 평가한다. 글이 자기소개서고 말이 면접이다. 그 많은 것들 중에 왜 글과 말의 형태로 평가할까? 두 가지가 실제 조직에서 많이 요구하고 사용하는 역량이기 때문이다. 글로 보고서를 작성하고 말로 보고한다. 글로 자신에 대해서, 자신의 생각과 의견에 대해서, 준비한 과정에 대해서, 동기와 포부 등에 대해서 표현하는 것을 통해 조직생활에 필요한 역량을 기본적으로 파악할 수 있다. 다음 프로세스인 면접에서는 심층적인 질문을 통해 추가 검증을 한다.

이처럼 채용 프로세스에서 중요한 것이 표현하는 역량인데 대부분의 취준생들에게 표현은 어렵게 느껴진다. 왜 그럴까? 그 이유는 처음 해봐서다. 대학생활에서 무언가를 표현하는 연습을 할 시간이 많이 없기 때문이다. 보통 문제를 풀거나 해결하고 자료를 분석하는 데 시간을 많이 쓸 뿐, 자기 자신에 대해서 기업과 연결해서 표현하는 연습은 많이 하지 않는다.

기업은 글로 지원자의 동기와 준비 과정 등을 검증한다. 그렇기 때문에 자기소개서는 매우 중요한 단계. 자기소개서가 통과되어야 면접의 기회가 생긴다. 적당히 써서 통과되길 바랄 것이 아니라 자소서를 보는 눈과 쓰는 역량에 관심을 가져야 한다. 또한 실시간으로 표현하는 면접 역시 취업 성공에 가장 중요한 마지막 관문이다. 이 장에서는 자기소개서 작성과 면접에 필요한 역량을 알아보자.

설득하는 자기소개서 작성 전략

"과연 자기소개서를 모두 읽을까?"

최종 합격으로 가는 관문의 시작은 자기소개서다. 채용 프로세스에서 다른 전형도 물론 중요하지만 일단 진입하기 위해서는 자기소개서가 매우 중요하다. 다음 기회를 마련하는 첫 시작이기 때문이다. 그런데 기업에서 과연 자기소개서를 모두 읽을지 의문이 들기도 한다.

자기소개서를 보는 방식은 기업마다 차이가 있다. 마찬가지로 자기소개서를 어떻게 평가하느냐에 대한 다양한 이야기가 많다. 인사팀에서 모두 소화하거나, 해당 직무별로 실무자에게 배포하여 평가하기도 한다. 혹은 자기소개서만 전문적으로 평가해주는 업체에

외주를 주기도 한다는 이야기도 있는데 정확히 확인하기는 어렵다. 우리가 집중해야 하는 부분은 어떤 방법으로 평가하든 일단 못 쓴 것부터 제외된다는 사실이다. 그러므로 자기소개서 쓰는 역량을 키워야 한다. 설득하는 자기소개서 작성 전략에 대해 살펴보자.

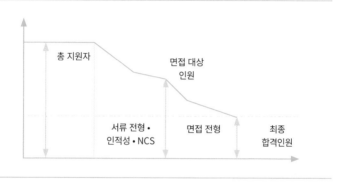

설득하는 자기소개서 작성 전략 1
질문 의도 파악을 통해 묻는 말에 답하라

친구와 대화할 때 A를 물어봤는데 친구가 F를 말한다면 답답하다. 만약 자소서에서 당신이 그런다면 상대는 어떨까? 결코 좋은 평가를 할 수 없다. 글의 구조와 내용도 중요하지만 우선순위는 묻는 말에 답하는 것이다. 그러기 위해서 필요한 것이 질문 의도 파악이다. 보통 온라인으로 자기소개서를 작성하게 되는데, 온라인상에서 자기소개서의 질문과 마주하면 먼저 머릿속으로 '뭘 쓰지?', 혹은 '이런 경험이 있나? 그거나 써야겠다'와 같은 생각이 든다. 이러한 생각은 묻는 말에 답하지 않을 가능성을 높인다. 그저 생각나는 대로 내 입장에서만 답하게 만들기 때문이다. 하지만 다시 한 번 분명하게 생각해야 하는 것은 기업은 절대로 그냥 질문하지 않는다는 점이다. 기업은 당신을 평가하기 위해 질문한다. 그러므로 가장 먼저 해야 할 일은 질문에 대한 기업의 의도를 파악하는 것이다.

예시를 통해서 질문 의도를 파악하는 연습을 해보자.

"최근 5년 동안 성취한 일 중에서 가장 자랑할 만한 것은 무엇입니까? 그것을 성취하기 위해 어떤 일을 했습니까?"

"최근 3년 이내에 가장 도전적인 목표를 세우고 성취해낸 경험이 있다면 구체적으로 그 과정과 결과에 대하여 기술해주십시오."

위의 두 질문의 의도는 무엇일까? 만약 한 번에 대답이 나오지 않거나 너무 다양한 답변이 한꺼번에 생각난다면 의도를 파악하지 못한 것이다. 연습이 필요하다. 다음 질문 예시를 보자.

"누군가와 함께 공동의 목표를 설정하고 달성한 경험이 있으면 기술하시오. 그 과정에서 어떤 어려움이 있었으며 어떻게 극복했는지 구체적으로 기술하시오."

위의 질문은 어떤가? 어떤 의도를 갖고 질문한 것일까? 마찬가지로 바로 대답하기 어렵다면 당신에게는 연습이 더 필요하다. 질문 의도에 대한 힌트는 질문의 키워드에 있다. 바꿔 말하면 질문의 키워드에 동그라미를 쳐보면 의도를 맞출 수 있다는 말이다. 첫 번째와 두 번째 질문에서 반복적으로 나오는 키워드는 성취, 노력, 도전, 목표다. 다음으로 질문에서 묻는 대상자가 중요한데 나 혼자 한 경험을 묻는 것인지 아니면 타인과 함께한 것을 묻는 것인지 확인해야 한다. 첫 번째와 두 번째 질문은 나 혼자 한 걸 묻고 있다. 따라서 이러한 점과 키워드를 함께 고려해본다면 질문 의도는 쉽게 맞출 수 있다. 정답은 바로 자기개발 능력 혹은 자기관리 능력이고 조금 더 세부적인 의도는 목표달성 능력이다.

세 번째 질문의 의도는 쉽게 드러난다. 바로 팀워크 능력이다. '누군가와 함께', '공동의 목표', '달성' 등의 키워드와, 질문에서 묻는 행동 또는 경험의 대상자를 고려한다면 쉽게 맞출 수 있다.

질문의 의도를 맞추는 데 어려움이 있다면, 역량의 종류나 개념에 대한 이해가 아직 부족하기 때문이다. 그렇다면 'Experience. 경험을 바라보는 역량' 부분을 다시 살펴보고 역량에 대한 이해도를 더 높여야 한다. 역량에 대한 이해도가 있어야 경험을 묻는 질문의 의도를 파악할 수 있고, 반드시 필요한 내용을 답변에 포함하여 기술할 수 있다. 이를테면 두 번째 질문에 반드시 포함되어야 하는 내용은 '목표'라는 키워드다. 묻는 의도가 스스로

세운 목표를 달성할 수 있는 역량이 있는지 평가하는 것이기 때문이다. 이러한 이해도가 있어야 상대가 원하는 대답을 할 수 있다.

그 외의 자기소개서 질문에도 의도는 정해져 있다. 예를 들어 지원동기, 입사 후 포부와 같은 질문은 그 자체가 의도다. 그런 점에서 이와 같은 질문은 의도 그대로 기술하면 된다. 물론 쓰기 쉽지 않은 질문이다. 항목별 작성 방법은 차차 알아보기로 하고, 여기에선 자기소개서 질문의 종류를 더 정리해보자. 사실 질문의 종류가 아주 많지는 않다.

1. 지원동기
2. 입사 후 포부
3. 성장 과정 · 가치관
4. 장단점 · 강약점
5. 직무
6. 이슈에 대한 의견
7. 경험

설득하는 자기소개서 작성 전략 2
역량 관점으로 경험을 정리하라

"막상 자소서를 쓰려고 하면 이전에 했던 경험이 떠오르지 않아요. 어떻게 해야 기억이 잘 날까요?"

자기소개서를 쓸 때 마주하는 현실적 어려움이다. 우리는 머릿속에 기억하고 잘 정리해놓지 않으면 떠올리기 쉽지 않다. 하물며 상대 질문의 의도까지 파악해서 말해야 한다면 경험 정리가 되어 있지 않은 상태에서 표현하기 쉽지 않다. 가시적인 형태로, 즉 다음과 같은 Matrix로 정리해야 한다.

경험의 카테고리	활동명	활동 내용 (상황+역할+ 행동 내용)	결과 (성과/반응)	배운 점 /느낀 점	발휘 역량

기업이 당신의 경험을 왜 물어볼까? 지원한 직무에 요구되는 역량을 갖고 있는지 평가하기 위해서다. 때문에 경험을 묻는다는 것은 단편적으로 나를 알아보기 위해서가 아니라 구체적으로 역량에 필요한 요소들을 갖췄는지 평가한다는 뜻이다. 단순하게 접근해선 안 된다. 이러한 개념과 맥락에 대한 이해도를 높이고 준비하는 사람이 결국 면접도 잘 본다. 따라서 경험을 정리하는 단계에서부터 경험을 제대로 바라보며 정리해야 한다.

(예시) 인문상경계 전공자의 경험 Matrix

경험의 카테고리	활동명	활동 내용 (상황+역할+행동 내용)	결과 (성과/ 반응)	배운 점 /느낀 점	발휘 역량
직무 관련 경험/ 경력	마케팅 동아리	OO주제/아이디어 제시 타겟의 니즈에 걸맞는 아이디어 제시	공모전 출전 기회 획득	성취감 창의력에 필요한 것들	창의력 팀워크 능력
	공모전	OO공모전/조원들간의 건대립 효과적으로 갈등 해결	총 17팀 중 2등	협업의 어려움 팀워크 역량	갈등 조정 능력 팀워크 능력
	통계분석 과제수행	OO과제/OO결과 도출 효과적인 조사방법을 통한 과제수행	기한의 단축	과제 정리 조사 방법	분석력 문제해결 능력
기타 경험/ 경력	판매 아르바이트	OO판매/부담스러운 목표 목표 달성을 위한 열정적으로 임함	매출10% 향상	고객 개념 비즈니스	조직이해 능력 목표달성 능력
	박람회 아르바이트	OO박람회/관심도가 낮음 관심을 끌기 위한 최선을 노력을 다함	바이어 계약 체결	마케팅 현장의 중요 요소	열정 문제해결 능력
	봉사활동	OO봉사활동/힘든 일정 상대방의 입장에서 생각하게 됨	감사편지 받음	현실의 감사함	인성

(예시) 이공계 전공자의 경험 Matrix

경험의 카테고리	활동명	활동 내용 (상황+역할+행동 내용)	결과 (성과/ 반응)	배운 점 /느낀 점	발휘 역량
직무 관련 경험/ 경력	졸업작품	IOT Home 이라는 주제로 핸드폰과 하드웨어 (ATMAGA128)를 연동하여 작품을 구현	6개 팀 중 2위	이론과 기능, 제품의 연결성, Research의 중요성	열정 목표 달성 정보 수집
	현장실습	센서 제조 회사에서 PCB 제조, 관리 부서에서 활동, 디스플레이 PCB를 인설팅하면서 직접 제조, 업무 프로세서를 변경시켜 생산성 증대	생산성 25% 향상	끊임없이 생각하고 반복적으로 분석의 중요성	목표 달성 생산성 향상 조직이해
동아리	영화 제작 동아리	영화 제작 동아리에서 부회장으로 활동하면서 동아리 예산 관리	전학기 보다 이월금 10% 증가	한정된 자원을 적재적소에 사용하는 방법	의사소통 갈등 조정
기타 경험/ 경력	상담원 아르바이트	가전기기나 전자제품의 문제점, 문의 사항에 대해 상담 및 해결 도움	고객과의 갈등을 대하는 법	상대방의 불편함 공감해주기	적극성 대인관계
	판매 아르바이트	야채가게 종업원으로 판매 및 진열, 다른 종업원과 힘 합쳐 적극 홍보	판매량 20% 증가	적극적 행동의 중요성	자원관리 비용관리 관리 능력

경험을 정리할 때는 위와 같이 키워드 중심으로 경험의 카테고리로 나누어 정리한다. 여기에서 중요한 점은 '발휘 역량'이다. 결국 경험을 통해서 어필해야 하는 것은 역량이기 때문에, 역량 관점으로 정리해야 한다. 앞서 'Experience. 경험을 바라보는 역량'에서 알아본 바와 같이 해당 역량의 정의와 필요한 행동, 태도 등을 이해하고, 자신이 경험한 과정에 이러한 정보가 많이 포함되어 있는지 고민해보고, 경험을 떠올려 최대한 많이 포함되도록 작성해야 한다. 예를 들어 의사소통을 잘한다는 것은 의사소통을 잘하는 행동을 경험했어야 한다는 것이다. 구체적인 행동 키워드를 추가해서 작성하면 좋다. '결과'는 가능하면 정량적인 수치로, 이전Before과 이후After로, 혹은 타인의 피드백을 구체적으로 적으면 좋다.

경험 Matrix는 엑셀 프로그램으로 칸을 나누어 작성하면 쉽다. 혹은 노트에 작성해도 된다. 시간을 갖고 천천히 자신의 대학생활을 떠올리며 작성해보자. 실제로 정리해보면 생각보다 많은 경험을 했을 것이다. 눈 깜짝할 사이에 시간이 흘러 졸업 학년이 되었다고 생각하지만 직접 정리해서 보면 다르다. 그렇기에 정리가 중요하다. 가시적으로 정리하지 않으면 글을 구성하기 어렵다. 이렇게 정리해두면 나중에 면접 준비에도 큰 도움이 된다.

설득하는 자기소개서 작성 전략 3
산업, 기업, 직무를 리서치하라

자기소개서가 안 써지는 세 가지 이유

1. 나에 대한 정리가 안 되었기 때문
2. 상대에 대한 분석이 덜 되었기 때문
3. 연결하는 기술이 부족하기 때문

자기소개서가 안 써지는 이유는 셋 중 하나다. 나에 대한 정리가 안 되었거나, 상대에 대한 분석이 덜 되었거나, 연결하는 기술이 부족한 경우다. 따라서 추천한 전략들을 실천하길 바란다. 갑자기 자소서가 잘 써지는 경우는 없다. 전략으로 추천한 경험 정리를 통해서 자신에 대한 정리를 하고, 다음으로 상대에 대한 분석을 확실히 해야 한다.

'Take information. 정보 수집 및 분석 역량'에서 살펴본 바와 같이 산업, 기업, 직무에 대한 정보를 조사하고 분석하는 일을 제대로 해야 한다. 자기소개서를 작성할 때 상대에 대해 알아보지 않고 쓰면 불필요한 자기 이야기만 쓰게 된다. 상대에 대해 알아보는 것을 대충 한다면 상대가 뻔히 아는 정보만 나열하는 것이나 마찬가지다. 정보는 상대가 더 많이 안다. 당신은 의견을 제시할 수 있도록 집중해서 분석하고, 또 연결해서 찾아보는 과정을 반복해야 한다.

상대 관점으로 봤을 때 산업은 중요하다. 이는 지원자 입장에서도 중요하다는 의미다. 기업을 분석하는 것은 기본이자 필수다. 그리고 직무는 기회다. 직무에 대한 질문은 무조건 나온다. 이것을 기회로 활용하자.

산업, 기업, 직무의 중요성은 여러 차례 언급하고 분석 방법까지 살펴봤다. 지금까지 겪어본 반응 가운데 "생각보다 산업, 기업, 직무가 중요하네요?"라는 이야기가 많다. 그렇다. 매우 중요하다. 채용 프로세스에서 산업, 기업, 직무와 관련된 질문을 받을 확률은 족보에서 시험 문제가 나오는 확률보다 높다. 중요할 뿐만 아니라 확률도 매우 높다.

설득하는 자기소개서 작성 전략 4
상대와 나를 연결하여 기획하라

상대에 대한 분석과 나에 대한 정리를 마쳤으면 다음 단계는 연결이다. 연결고리를 찾는 것을 기획이라고 하는데, 기획하는 시간을 갖느냐 그렇지 않느냐의 차이가 크다. 3시간 동안 고민만 하다가 자기소개서를 쓰지 못하는 경우가 있다. 이보다 1시간 동안 기획하고 2시간 동안 작성을 완료하는 것이 현명한 방법이다. 이를 위해 '산업, 기업, 직무 Matrix'와 '경험 Matrix'를 매칭하는 시간을 가져보자.

기획 : 상대와 나의 연결

	산업	기업	직무	전공	자기분석	
산업>기업>직무 **Matrix**			Matching			**경험** **Matrix**

전공	산업	기업	직무	요구역량

경험	활동명	활동내용 (상황역할+행동내용)	결과 (성과/반응)	배운점	발휘 역량

설득하는 자기소개서 작성 전략 5

설명하지 말고 설득하라

취준생의 목적인 합격을 위해서는 설득이 필요하다. 설득에 필요한 건 구조Structure이기 때문에 자기소개서에서 쓸 연결점을 기획했다면, 다음 단계로 설득에 필요한 구조를 준비해야 한다. 구조가 없으면 독백을 할 확률이 높다. 독백이 아니라 본인이 적임자임을 설득하려면 반드시 구조가 필요하다.

설득하는 자기소개서 작성법

"전공을 활용하기 위한 기업을 찾던 중 OO기업을 알게 되었습니다. OO기업은 국내 최고 품질의 OO를 만들어내는 자존심을 가진 회사로서 저의 모든 역량을 펼칠 수 있는 훌륭한 회사라고 생각되어 지원하게 되었습니다. 또한 인재 중심의 경영 방침은 저에게 많은 능력 발휘의 기회를 마련해줄 것으로 생각됩니다. 특히 저는 OOO 과목, OOO 과목을 수강하며 열심히 준비했습니다. 이것은 OO기업 입사에 기본이 될 것입니다. 입사하게 된다면 최선을 다해서 직무를 수행하겠습니다."

위의 예시에서는 어떤 점이 잘못되었을까?

- 좋아 보이는 말만 있고 구체성이 없다.
- 기업 분석 내용 역시 구체적이지 않고 추상적인 표현만 있다.
- 동기가 없고 관점이 자기중심적이다.
- 준비 과정이 체계적이지 않고 단편적이다.
- 표현의 형태가 수동적이다.

자기소개서 글쓰기의 구조
(쓰지 말아야 할 구조)

~를 했고	~도 했고	또 ~도 했다 + 좋아보이는 말
전공 공부 하다 보니 어땠다	OO회사를 알게 되었다	OO회사가 잘하더라, 그래서 나도 함께 발전하고 싶다 + 좋아보이는 말

위의 예시와 구조에서는 '고민한 흔적'이 보이지 않는다. 다시 말해 구체성이 없다는 말인데, 상대방이 읽고 좋은 평가를 하기 어렵다. 무조건 구조만 있으면 되는 것이 아니라 상대방이 원하는 것, 즉 의도를 파악하고 이를 강조하면서 설득하는 구조를 갖춰야 한다. 이것이 당신이 가야 할 방향이다.

구체적으로 나누어 보자. 자기소개서 작성 단계 중 현재 1단계에 있다면 2단계로 가고, 나아가 3단계로 계속 가려고 노력해야 한다. 1단계는 문장의 어미만 봐도 알 수 있다. '있습니다', '했습니다'

등의 설명으로만 이루어진 구조다. 또한 표현 역시 '하게 되었다'와 같은 수동적 표현이 많다. 설명만 하고 수동적으로 표현해서는 상대방의 고개를 끄덕이게 만들 수 없다. 질문에 맞는 자신의 의도를 강조하여 설득하는 구조를 고민해야 한다.

구조에는 정답이 없지만 최대한 의도를 강조하여 설득하려고 고민하는 과정이 필요하다. 읽는 사람 입장에서 느낌만으로 고개를 끄덕이게 만들어야 한다. 이를 위해 고민하고 더 고민하는 단계가 3단계인 고도화 단계다.

자기소개서 작성의 3단계

3단계
고도화

2단계
설득

1단계
설명

*의도에 맞게 의도를 강조하며 설득하기

지원동기

지원동기는 가장 쓰기 어렵다. 그저 취업하려고 하는데 자꾸 묻는다. 뭘 써야 할지 막막하다. 그런데 늘 지원동기 항목은 1번이다. 그만큼 중요하다는 뜻이다. 기업은 지원동기가 분명하지 않거나 구체적이지 않으면 자기소개서 평가에서 점수를 주지 않는다.

지원동기에는 산업 동기, 기업 동기, 직무 동기가 있다. 질문이 포괄적이라면 이중 선택해서 쓰면 되고, 질문에서 각각에 대해서 나누어 묻는다면 나누어 쓰면 된다. 여기에서 중요한 점은 각 동기를 내 입장에서만 쓰는 게 아니라 상대와 연결해서 써야 한다는 점이다. 즉 상대와 관련된 내용을 써야 하는데, 그 내용이 누가 봐도 뻔한 내용이라면 구체성이 없다는 의미다. 상대의 고개를 끄덕이게 만들려면 분석적인 내용이어야 하고, 제시하는 동기 키워드가 그 분석적 내용을 대표하는 내용이 되는 것이 좋다.

지원동기 답변에 활용 가능한 구조

동기 & 이유 구체적, 흥미 & 강조	회사와 연결 제시한 동기로 연결	나와 연결 제시한 동기 측면의 준비과정 + 포부
동기 & 이유 구체적, 흥미 & 강조	회사와 연결 1 제시한 동기로 연결 1	회사와 연결 2 제시한 동기로 연결 2

지원동기 답변에 추천하는 구조는 동기와 그 이유에 집중하고, 이를 뒷받침하는 내용에 상대와 내가 모두 관련된 내용을 덧붙이는 것이다. 여기에서 상대와 관련된 내용, 즉 회사와의 연결은 내가 제시한 동기와 연결하고, 나와의 연결 역시 같은 동기로 맥락을 맞추면 좋다. 이런 구조가 기본적으로 상대가 원하는 문장의 순서

다. 물론 다양한 구조가 가능하겠지만 질문에 답하고 설득의 기본을 구성하기에는 이 구조가 가장 쉽다.

회사에 대한 내용이 단순한 정보 나열의 형태가 아닌 분석적 느낌을 주는 것이 무엇보다 중요하다. 또한 자신의 준비 과정에 대한 경험을 너무 상세하게 풀거나 무조건 나열해선 안 된다. 경험을 상세하게 쓰지 말라는 이유는 질문 자체가 경험을 물어본 질문이 아니기 때문이다. 무조건 나열하지 말라는 것은 단순 나열을 하지 말고 상대가 원하는 목적을 언급하며 준비한 과정을 카테고라이징Categorizing해서 쓰라는 의미다. 그래야 체계적으로 보인다. 특히 '목적'을 '내가 그냥 필요해서 했다'라는 것이 아니라 상대와 연관된 목적을 제시하는 것이 중요하다.

[회사 선택 기준 + 적합 이유]
답변에 활용 가능한 구조

기준 기업에 대한 재해석 키워드	회사와 연결 제시한 기준으로 연결	나와 연결 제시한 기준 측면의 이유 (준비과정 / 포부측면)
기준 기업에 대한 재해석 키워드	회사와 연결 1 제시한 기준으로 연결 1	회사와 연결 2 제시한 기준으로 연결 2

단순히 나열하거나 설명만 하면 내 글을 잘 읽지 않는다. 당연히 설득하는 구조도 아니다. 상대의 고개를 어떻게 하면 조금이라

도 끄덕이게 만들지 계속해서 고민해야 한다.

회사 선택 기준을 묻는 질문 역시 지원동기를 쓰는 구조와 동일하게 쓸 수 있다. 세 번째 연결을 나와의 연결 대신 회사와 한 번 더 연결해도 된다. 그런데 이렇게 하려면 회사에 대한 분석을 풍부하게 할 수 있어야 한다. 또 적합 이유를 물었으니 글의 마무리에는 자신이 제시한 기준과 연결 측면에서 적합한 내용을 직접 언급하며 설득해야 한다. 마찬가지로 회사에 대해 분석한 내용으로 기업에 대한 재해석 키워드를 무엇으로 제시할 것인지 충분히 고민해보는 것이 중요하다.

입사 후 포부

입사 후 포부는 지원동기 다음으로 쓰기 어려운 항목이다. 안 다녀봤는데 자꾸 쓰라고 하니 답답한 마음이다. 그런데 다른 지원자들도 마찬가지다. 같은 입장에서 지원한다. 따라서 취업 준비를 할 때 가능한 수준에서 최대한 조사해보고 고민해봐야 한다. 입사 후에는 어떻게 성장하는지, 어떤 사람이 조직에서 인정받고 성과를 잘 내는지, 어떤 목표를 조직에서 선호하는지 등을 회사 입장에서 알아보고 고민해야 한다. 상대도 알고 있다. 아직 우리 회사에 다녀보지 않았기 때문에 잘 알지 못한다는 것을. 하지만 제시하는 포부가 너무 막연하거나 추상적이면 점수를 줄 수 없다. 또한 해당 직무 담당자가 당연히 해야 할 일을 목표로 제시한다면 상대방의 고개를 끄덕이게 만들 수 없다.

이렇게 '무엇'이라는 목표를 찾는 것이 우선이다. 하지만 신입사원이 갑자기 산업 측면에서 기업에게 대단한 목표를 제시하는 건 쉽지 않다. 물론 충분한 역량을 갖추고 체계적인 준비를 통해 실행 가능한 계획을 가지고 있다면 좋다. 그러나 그렇지 않다면 직무에서 목표를 찾는 것이 수월하다. 너무 거창한 목표를 제시하려고 하면 구체적인 목표가 떠오르지 않는다.

직무 수행을 잘하기 위해 도움이 되는 하위 내용을 상세하게 고민해서 목표로 제시하거나, 꾸준하게 지속적으로 하겠다는 것을 목표로 제시하는 것을 추천한다. 제품이나 서비스 혹은 기술 등과 관련된 목표를 제시할 수도 있다. 한편 독보적인 경쟁력 혹은 차별성으로 어떤 모습이 되겠다는 비전 형태도 괜찮다. 다만 비전을 제시하는 건 차별성 있는 내용으로 구성해야 하는 어려움이 있기 때문에 충분히 고민해봐야 한다.

입사 후 포부 답변에 추천하는 구조는 기본적으로 '무엇을+왜+어떻게'다. 여기에서 '왜'를 풍부하게 서술하는 것이 중요하다. 내 입장에서만 '왜'를 설명하는 게 아니라 상대방 입장에서 상대에게 기여하기 위해 무엇을 왜 하겠다가 있어야 상대가 내 말에 반응한다. 적어도 '왜'를 두 문장 정도는 써야 그런 느낌을 줄 수 있다. '어떻게' 부분에서는 글의 양이 가장 많아야 한다. 여기에는 '무엇을 하겠다'가 나열되는 느낌으로 쓰면 안 되고, 지원동기에서 한 차례

소개한 상대와 관련된 세부적인 목적을 언급하며 카테고라이징해서 써야 한다. 이를 단계적 또는 체계적인 느낌을 주도록 쓰면 더 좋다. 예를 들면 '우선 무엇이 왜 필요하다, 그래서 어떻게 하겠다, 다음 단계로 무엇을 하겠다, 왜냐하면 어떤 이유 때문이다, 나아가서 또 어떻게 해서 목표를 달성하고, 이를 통해 회사의 어떤 부분에 기여하겠다'의 흐름을 추천한다.

입사 후 포부 답변에
활용 가능한 구조

무엇을 직무와 관련된	왜 Why(직무 이해도)	어떻게 체계적(카테고리)
핵심 포부 직무/제품/기술 관련	왜 Why(관련 이해도)	기간별 세부 목표 5년/10년/15년

'어떻게' 부분에 기간별 세부 목표를 제시해도 되는데, 이는 질문에서 기간을 명시해준 경우에 추천한다. 이를테면 '입사 후 15년 이내의 본인의 포부를 기술하시오'와 같은 경우다. 15년의 기간을 막연하게 느끼지 말고 상대방 입장에서 생각해보라. 당신이 합격하면 회사는 입사 후 5년까지 당신을 어떻게 만들려고 하겠는가? 직무에 적합한 인재를 채용했기 때문에 직무 전문성을 강화시키려고 할 것이다. 따라서 '직무 전문성 강화'라는 상위 목적으로 하위

목표를 제시하면 좋다. 5년부터 10년까지는 직무 전문성을 확대시킬 것이다. '이것을 잘하도록 만들었으니 이제 이것도 잘해보세요'라는 느낌이다. 여기에서는 '직무 전문성 확대'라는 목적에 맞는 목표를 제시하는 것을 추천한다. 10년 이후의 미래는 더 막연할 텐데, 이때는 '중간 관리자'로서의 역할과 책임에 관한 내용을 쓰면 괜찮다. 15년 이후는 '리더의 모습'으로 쓰는 것을 추천한다. 여기에서도 역시 중요한 것은 뻔한 내용을 쓰기보다는 고민한 흔적을 보여주는 구체성이 필요하다.

지원동기에서 '준비 과정' 부분과 입사 후 포부에서 '어떻게' 부분을 쓸 때 나열하지 말라고 했다. 체계적인 느낌을 주기 위해서 카테고라이징이 필요하다고 했는데, 이 부분을 상세하게 살펴보자. 이를 위해서는 '목적'이 중요하다. 목적을 언급하되, 앞에서 내가 언급한 목적이나 상대와 관련된 목적을 제시해야 설득력이 높아진다. 목적 다음에는 관련된 노력이나 행동을 쓰고 만약 성과까지 좋았다면 성과를 덧붙여도 좋다. 다만 '준비 과정'을 쓸 때는 과거 시점으로 내가 직접 노력한 것들을 쓰고, 입사 후 포부의 '어떻게'를 쓸 때는 미래 관점으로 '하겠다'는 내용을 기술해야 한다.

지금 당신이 쓴 '준비 과정'이나 입사 후 포부의 '어떻게' 부분이 설명만으로 이어진다면, 상대와 관련된 목적을 잘 찾아보고 다시 체계적으로 작성하자.

목적은 앞에 언급한 목적 혹은
상대와 관련된 목적을 제시해야 설득력이 높아짐

성장 과정

지원동기나 입사 후 포부는 질문 자체가 의도지만, 성장 과정부터는 구체적인 의도를 파악하는 것이 중요하다. 의도를 파악하지 못하면 내 입장에서 내가 하고 싶은 말만 하기 때문이다. 상대가 원하는 말을 하기 위해서는 의도 파악이 무엇보다 중요하다.

성장 과정의 의도는 '당신의 인생에서 어떤 사건 혹은 인물을 말해도 좋은데요, 제시하는 것을 통해서 당신을 어필하는 메시지를 주세요'다. 결국 상대가 원하는 것은 메시지인데, 일반적으로 메시지가 없는 경우가 많다. 예를 들어 많이 볼 수 있는 성장 과정 답변에서 나오는 구조인 '소제목+사건'에는 메시지가 명확하지 않은 경우가 많다. 다시 말해서 '이 사건이나 경험을 전달하면 나를 좋게 봐주겠지'라는 소극적이고 수동적인 글이라는 의미다. 따라서 성장 과정을 쓸 때는 먼저 내가 제시할 '메시지'를 선정해야 한다. 메시지는 가치관, 태도, 강점, 생활신조 등 다양한 형태 중에 선택할 수 있는데 가능한 직무에 유리한 것으로 정하는 게 좋다. 상대방은 계속해서 직무에 적합한 사람을 뽑는다는 점을 상기해야 한다.

'소제목+사건'의 구조도 나쁜 건 아니지만 내 이야기를 더 잘 듣게 만들기 위해서는 전제 문장이나 전제 문단을 쓰길 추천한다. 내가 말하려는 메시지를 전제 문단에서 먼저 언급하고 그 이유를 제시하면 내 말을 더 잘 들을 확률이 높다. 당신은 계속해서 상대가 자신을 말을 듣도록 만들어야 한다. 그 과정에서 좋은 느낌을 주고 상대와 관련해서 고민한 흔적을 어필해야 한다. 그 시작이 바로 내 말을 관심 깊게 들어보도록 만드는 것이다.

여기에서 추천하는 구조는 다양한 방법 중 하나다. 전제 문단 역시 다양한 방법으로 가능하다. 특정한 예를 들어 서술하지 않는 이유는 너무 동일한 패턴의 문장이 쓰일 것에 대한 우려 때문이다. 내가 전달하고 싶은 메시지를 더 잘 듣도록 전제 문단을 충분히 고민해보자.

성장 과정 답변에 활용 가능한 구조

전제 문장 (메시지)	사건/인물 메시지 중심의 사건 강조	재해석 메시지 중심의 재해석+ 재강조
전제 문단 (메시지)	사건 1, 사건 2 메시지 중심의 사건 강조	전제 재해석 메시지 중심의 재해석+ 재강조

'재해석'이라는 개념은 쉽게 말해 '재언급'이다. 단순히 사건을 설명만 하는 경우가 많은데, 마무리에서 다시 한 번 해당 사건이나 인물을 통해서 내가 표현하고 싶은 '나의 메시지'를 재언급해서 강조하라는 뜻이다. 마찬가지로 사건이나 인물을 전달할 때 역시 설명만 할 게 아니라 메시지를 강조하려고 노력해야 한다.

성격의 장단점과 강약점

성격을 물어보는 이유는 무엇일까? 당연히 조직에, 그리고 직무에 적합한 사람인지 평가하기 위해서다. 따라서 단순히 '긍정적이다' 혹은 '대인관계가 좋다'와 같은 장점은 너무 일반적이고 설득력을 갖추기 어렵다. 당신이 갖고 있는 여러 가지 성격의 장점 가운데 무엇을 어필할지 잘 선택해야 한다. 직무를 제대로 분석하고 직무에 유리한 장점을 선택하고 제시해야 한다.

성격의 장단점 답변에
활용 가능한 구조

장점/강점 + why	장점/강점으로 발전시킨 과정 경험의 단계적 표현	추가적인 노력 + 또 어떤 것까지
강점/단점 + why	발휘한/보완한 S + T + A + R 상황 일 행동 결과	재해석 재해석(why), 연결, 기여

제시하는 장점이나 강점이 직무에서 어떤 측면에서 좋은 점이 있을지 조금이라도 관계되는 내용을 써야 읽는 사람이 직무 적합성을 고려한다. 그렇지 않고 직무와 관련 없는 장점을 제시하거나 '왜Why' 부분이 약하면 상대는 '그래서?'라는 생각을 갖는다.

이 항목에서도 마무리에 재해석을 하거나 재강조를 해야 자신을 더 어필할 수 있다. 추가적인 노력을 쓰거나 내가 제시한 장점이 남들과 다른 차별성은 무엇인지 강조하는 방법도 괜찮다. 중간 부분에서는 하나의 경험으로 장점을 나타낼 수도 있고, 여러 가지 노력이나 성과를 묶어서 나타낼 수도 있다. 경험의 소재에 따라서, 혹은 성과에 따라서 적절하게 선택할 필요도 있다. 내가 쓴 글을 다시 봤을 때 장점이나 강점이 직무 측면에서 분명하게 드러나는지 거듭 살펴보자.

한편 단점은 너무 솔직하게 조직생활에 치명적인 것을 쓰면 안 된다. 어쨌든 조직에 적합한지, 직무에 적합한지를 평가하는데 굳이 너무 솔직하게 단점이나 약점을 쓸 필요는 없다. 무난한 것을 쓰되 개선하기 위해서 어떻게 노력했고, 지금은 어떤 노력을 하고 있고, 앞으로 어떤 노력을 할 것인지 쓰면 충분하다. 주의할 점은 이미 개선되었다고 쓰면 안 되고, 방법적인 노력보다는 태도적인 노력을 더 강조해서 쓰는 것을 추천한다.

직무

직무 질문의 의도는 '직무 이해도'와 '직무 준비도' 평가다. 아직 이 일을 해보진 않았지만 얼마나 이해하려고 노력했는지, 얼마나 준비하려고 노력했는지를 본다. 여기에서 중요한 부분 역시 상대방 입장에서 써야 하는데, 자기 생각에 중요하다고 생각하고 노력한 점들만 쓰는 경우다. 핵심은 직무 관련해서 내가 노력한 과정을 쓰되 상대가 보기에도 중요한 것을 실행하고 노력했다는 점을 직접 언급해야 한다. 대표적으로 앞서 살펴본 목적 언급도 같은 맥락이다. 직무 이해에 대한 내용을 목적으로 활용해서 나의 노력을 연결해서 써야 한다. 이를 위해 홈페이지 직무 분석에서 중요한 세 가지 중 하나가 바로 '목적'과 '왜Why'를 분석하는 것이라고 앞서 강조했다.

직무 답변에 활용 가능한 구조

전제 문단 직무요구역량 why	역량 1, 역량 2 역량 향상 노력	재해석+연결 강조+앞으로
전제 문단 전문성/역량 why	전문성, 역량 노력	적합 이유+연결 직무 why+앞으로

전제 문단에서 목적이나 왜Why를 언급해도 되고 본론이나 마

무리에 언급해도 된다. 예를 들어 '지원한 직무에 요구되는 역량은 무엇이라고 생각하고 관련하여 노력한 과정을 기술하시오'라는 질문에서 전제 문단을 쓴다고 가정해보자. 여기에서 가장 먼저 나와야 할 문장은 묻는 말에 대한 답인 '어떤 역량이 중요하다'라는 자기주장이다. 그다음 문장은 바로 경험에 대한 내용이 아니라 그 역량이 해당 직무에서 왜 중요한지에 대한 내용이어야 한다. 이것이 묻는 말에 답하는 것이다. 여기에서 왜Why를 충분히 풀어줄 때 직무 이해도의 평가가 올라가고, 연결해서 관련된 목적을 위해 노력한 과정을 붙이면 상대가 고개를 끄덕일 것이다. 그런데 여러 가지 노력을 그저 나열하거나 설명만 한다면 그것을 왜 했는지 어떤 부분을 집중적으로 노력했는지 등에 대한 어필이 되지 않는다.

직무 답변의 마무리는 재해석 또는 재강조를 하고, 앞으로 직무에서의 포부 형태로 연결하면 좋다. 물론 입사 후 포부에서도 할 수 있지만 직무에 대한 질문이 직무 측면에서 본인의 포부로 마무리하기 좋은 항목이다.

여기에서 많이 하는 질문이 다른 항목의 마무리에 대한 것이다. 전체 문항의 구성과 맥락을 봐야겠지만 우선은 묻는 말에 답하는 것이 중요하다. 다시 말하면 마무리에서 앞으로 '어떻게 하겠다'는 포부 형태가 무조건 필요한 건 아니라는 뜻이다. 우선순위는 입사 후 포부와 직무 항목이다. 그 외에는 해당 질문에서 묻는 것에 집중해서 재해석이나 재강조하길 권하고, 만약 직무 어필을 할 항목이 부족하다면 어떤 항목에서 어떻게 더 어필할 수 있을지 고민해봐야 한다.

경험

기업이 경험을 묻는 의도는 '역량 평가'다. 역량의 종류를 알고 답하는 것이 중요하다. 예를 들어 팀워크 역량을 묻는 의도인데 문제 해결 역량으로 답하는 경우, 혹은 목표 달성 능력을 물어봤는데 대인관계 역량을 쓰는 경우가 있다. 상대가 원하는 세부 역량을 제대로 파악하고 소재를 선택해야 하며, 해당 역량 의도를 강조하면서 설득하는 구조를 짜야 한다.

한편 역량의 세부 개념인 '태도'로 묻는 경우도 있다. 가장 힘들었던 일을 어떻게 극복했는지 묻거나, 끈질긴 성취를 통해서 목표를 달성한 경험을 묻는 경우다. 이 경우 상위 개념으로는 자기개발 능력 혹은 목표 달성 능력이라고 볼 수 있으나, 핵심적인 의도는 '태도'를 보는 것이다. 어떻게 극복했는지 물어보면 내가 태도를 정해 답할 수 있고, 끈질긴 성취라고 물어보면 끈기를 강조해서 전달하는 것이 묻는 말에 답하는 것이다.

경험 질문에서 중요한 것이 글의 구조인데, 기본적으로 경험은 STAR Situation, Task, Action, Result의 순서대로 기억을 떠올리고 이에 맞춰 서술한다. 그런데 여기에서 핵심은 '상대가 무엇을 중요하게 보는가'다. 상대가 중점적으로 보려고 하는 것은 행동 Action이다. 요구하는 역량 또는 태도에 맞는 행동 특성을 실제로 보였는지 평가하려는 것이다. 그런데 행동에 관한 내용을 한 문장만 쓰거나 너무 압축해서 쓰면 나의 역량이나 태도가 잘 드러나지 않는다. 상대방 입장에서 평가하기 어렵다는 의미다. 따라서 의도를 강조하기 위해서는 나의 행동이나 태도를 더 자세히 써서 나를 더 부각시켜야 한다.

경험 답변에 활용 가능한 구조

경험기술 S + T + A + R 상황 일 행동 결과	재해석	재해석+재강조
역량 재정의 + why	사례 S + T + A + R 상황 일 행동 결과	재해석+재강조

부각시키는 방법은 해당 역량이나 태도를 갖춘 사람의 특성을 분석해보고 쓰거나, 행동 부분을 어떻게 하면 더 강조할 수 있을지 고민해서 쓰는 것이다. 또 '무엇을 한 적이 있습니다'라는 일반적인 방식보다 눈길을 끄는 다른 방식으로 문단을 시작하거나, 마무리할 때 역시 재해석 또는 재강조를 통해서 나의 역량과 태도를 강조하는 구조로 구성하길 추천한다. 시작할 때 해당 역량이나 태도를 재정의하며 시작하는 것도 내 이야기를 더 잘 듣게 할 확률이

높다. 결과를 표현할 때는 앞서 '역량 관점으로 경험을 정리하라' 라는 자기소개서 작성 전략에서 추천한 바와 같이 수치, Before/ After, 타인의 구체적인 피드백 형태로 하는 게 좋다.

기업이 좀 더 선호하는 경험이 있지만 그렇다고 '어떤 경험을 했으니 몇 점입니다'라고 정해진 건 아니다. 결국 자신의 경험을 어떻게 표현하는지가 핵심이라고 볼 수 있다.

이슈에 대한 의견

이슈에 대한 의견을 묻는 의도는 '사고 과정'을 보는 것이다. '어떤 이슈를 제기했으니 몇 점'이라는 건 없다. 물론 상대와 관련된 이슈를 제기하는 것이 관심도를 표현하는 측면에서 유리하다. 하지만 상대와 관련된 이슈는 상대방이 훨씬 많이 알고 있기 때문에 주제를 너무 포괄적으로 선정하면 내가 방어하기 어렵다. 면접에서 관련 질문에 방어하기 어렵고, 자소서에서도 주제가 너무 크면 제시하는 방안 역시 일반적일 확률이 높기 때문에 불리하다.

우선 주제는 너무 민감하지 않은 것이 좋고, 상대와 관련된 주제일 경우 세분화해야 한다. 주제에 대한 의견을 제시할 때 주의할 점은 문제 제기만 하거나 비판만 하지 말아야 한다는 것이다. 마찬가지로 부정적인 면만 써도 안 된다. '사고 과정'을 보려는 것이기 때문에 가능한 한 건설적인 방향으로 쓰길 추천한다. 해결하려는 방향 혹은 개선하려는 방향으로 쓰면 자신의 건설적인 사고 과정을 어필할 수 있다.

이슈를 제기했다면 다음은 건설적으로 해결 방향이나 방안을 써야 하는데, 여기에서 중요한 것은 정답보다는 구체성이다. '얼마나 고민해봤는지'가 느껴지도록 하면서 문제 해결 방안이나 방향을 함께 제시하면 좋다. 특히 방안에는 구체성이 있어야 한다. '필요하다', '중요하다'와 같은 의견은 수동적 주장이다. '무엇을 해야 한다'와 같은 능동적인 방안을 제시하는 것이 좋다. 여기에서는 앞서 입사 후 포부에서 추천한 구조인 '무엇을+왜+어떻게'를 활용해보자. 방안이 한 가지인 경우보다는 두 가지인 경우가 논리적으로 덜 취약하다. 따라서 방안은 '무엇을+왜+어떻게'의 구조로 두 가지 정도는 제시하길 권한다. 이 부분이 어렵겠지만 해당 주제에 대해서 조사, 분석, 학습을 통해서 방안을 충분히 생각해보자. 가능성 측면으로 구체화해서 생각해보면 분명히 제시할 방안을 찾아낼 수 있을 것이다.

이슈에 대한 의견 답변에
활용 가능한 구조

| 이슈 언급
(문제점/한계/기회 등) | 방안1 | 방안2 |

| 이슈 언급
(문제점/한계/기회 등) | 방향 | 방안1 | 방안2 |

소제목 쓰는 방법

소제목을 써야 하는지, 안 써야 하는지에 대한 질문이 많다. 물론 정답은 없다. 목적 측면으로 생각해보자. 소제목을 쓰는 목적은 '내가 쓴 글을 읽어주세요'라고 할 수 있다. 이러한 목적을 자기소개서를 쓰는 목적으로 연결한다면, 안 쓰는 것보다는 쓰는 게 낫다. 다만 글자 수가 300자 정도로 적은 상황에서는 굳이 쓸 필요는 없다. 그런데 논문 소제목처럼 목적에 필요한 역할을 하지 못하고 내용만 전달하는 소제목은 소용없다. 예를 들어 '업무 효율을 위한 팀워크'라는 소제목을 보자. 여기에서는 팀워크를 설명하는 것 외에는 자신의 팀워크를 강조할 만한 무언가가 없다. 내가 팀워크를 위해서 발휘한 행동을 강조해야 한다. 소제목에도 이런 부분을 반영해야 하는데, 단순히 내용을 설명하는 형태는 소제목의 기능을 하지 못한다.

소제목도 목적 측면을 고려한다면 마지막까지 기획해야 한다. 다음 다섯 가지 고려사항을 참고해서 마지막까지 기획해보자.

소제목 작성 시 고려할 사항

1. 흥미를 자극하는지 고려하기
2. 질문의 키워드 또는 의도를 포함하는지 고려하기
3. 내가 쓴 문단 전체를 아우르는지 고려하기
4. 나를 나타내는지(나와의 연결) 고려하기
5. 내 입장이 아닌 상대방 관점에서 고려하기

맞춤법은 맞춤법 검사기를 통해서 여러 차례 확인해봐야 한다. 그런데 이보다 어려운 점이 글자 수 압박이다. 글자 수를 줄이기 위해서는 여러 차례 입으로 소리 내서 읽어보며 줄여나가야 한다. 다음의 경우가 가능한지 살펴보며 줄여보자.

글자 수 줄이는 방법

1. 두 문장(앞뒤 문장)을 한 문장으로 합치기
2. 상대에게 필요 없는 정보 제외하기
3. 소리 내서 읽어보며 중복 내용 줄이기

자기소개서 고도화 방법

정답은 없다. 다만 계속해서 쓰고, 다시 써보고, 또 읽어보면서 수정할 때 2단계로, 그리고 3단계로 갈 것이다. 자기소개서를 고도화하는 방법은 소리 내서 계속 읽어보고 점검하고 수정하는 것이 최선이다. 필요하면 스마트폰으로 녹음해서 들어보는 것도 좋다.

자기소개서를 처음 써보는 경우는?

자기소개서를 완전히 처음 쓰는 경우만큼 막막할 때도 없다. 이 경우에는 지금까지 살펴본 내용을 중심으로 인터넷의 합격 자기소개서를 분석해보길 추천한다. 스스로 보는 눈을 키우고 어느 정도의 방향을 가능하게 해준다.

자기소개서를 정말 잘 작성해서 최종 합격으로 이어진 자소서가 있고, 적당히 잘 썼는데 면접을 잘 봐서 최종 합격한 자소서가 있을 수 있다. 중요한 건 자신이 보는 눈을 계속해서 키우고 분석하면서 자신의 자기소개서를 직접 작성해가며 표현하는 역량을 키우는 것이다.

글 쓰는 과정은 고도의 사고 과정이기 때문에 무엇보다 견디는 것이 중요한데, 처음이라면 합격 자소서를 분석해보고, 이후에는 여러 차례 직접 써보면서 경험해야 한다. 쓰고 다시 써보고 수정하길 반복하는 과정에서 실력이 향상된다. 쉽지 않겠지만 꾸준히 노력해서 표현하는 역량을 향상하길 희망한다.

오늘부터 준비하는 실전 면접

"사람은 타인의 말을 들으며 그 사람의 태도를 느낀다."

자기소개서는 지원자를 보지 않고 뽑는 과정이다. 지원자가 쓴 글만을 본다. 반대로 면접은 지원자를 직접 보고 뽑는 단계다. 면접에서는 이것이 가장 중요한 포인트다. 직접 보고 뽑는다는 것은 직접 여러 가지를 평가하겠다는 말이다. 비대면 면접, 화상 면접, AI 면접 등 면접 방식이 다양해지고 있지만, 그 단계를 통과하면 다시 마지막에는 사람이 직접 대면 평가를 한다. 정량적인 평가는 한계를 갖고 있다고 보고, 사람이 직접 맥락과 느낌을 보는 것이 바로 면접이다. 따라서 면접 준비에서는 스킬보다 중요한 것이 이러한 맥락적 이해와 이를 뒷받침하는 태도. 면접 스킬은 그다음에 덧붙여야 효과가 있다. 단순히 면접 스킬만 갖고는 최종 합격이 어렵다.

"저는 서류 통과되면 그때부터 면접 준비할 거예요."

결국 면접이 제일 중요하다. 최종 합격이라는 결과물을 만들기 위한 마지막 관문은 면접이다. 아무리 다른 단계를 잘했더라도 면접을 못 보면 최종 합격은 다른 지원자에게 돌아간다. 미리 면접 준비를 해야 한다. 서류 통과되고 준비하면 늦는다. 하루에 5분씩이라도 매일 연습해야 한다. 사실 연습할 질문도 많다. 매일 조금씩 연습하고, 나아가 모의 면접에 참여해서 연습의 정도를 높여야 한다.

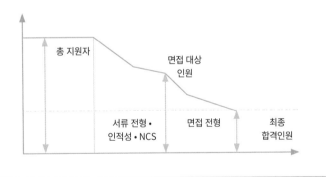

면접 준비 전략

면접에 필요한 세 가지 준비는 다음과 같다.

1. 말하는 방식 준비 (면접 마인드셋)
2. 말할 내용 준비
3. 면접 유형별 점수 획득 스킬 준비

1. 말하는 방식 준비

자신감이 최우선이다

면접에서는 왜 떨릴까? 처음 보는 사람과 처음 간 장소에서 평소에 사용하지 않는 조직 어휘를 사용해서 말해야 하기 때문이다. 떨리는 게 당연하다. 그런데 떨리면 갖고 있는 역량을 제대로 보여주기 어렵다. 무엇보다 새로 배워야 할 일이 많은 신입사원으로서 보여줘야 할 우선은 자신감이다. 경력사원이 아니라 신입사원이다. 그러므로 면접에서 가장 중요한 마인드는 자신감이다.

당신이 1분 자기소개를 요청받은 상황을 가정해보자. 어떤 생각이 드는가? 먼저 드는 생각은 무엇을 말할지에 대한 것이다. 다음으로 말할 것들에 대한 배열을 생각하기 시작한다. 그다음은 말하는 방식을 떠올리고 이제 그 순서를 외운다. 마지막으로 말할 준비가 되었으면 준비한 순서로 전달한다. 이러한 단계는 인간의 말하기 사고 과정이다. 그런데 이 과정에서 중간에 무언가 막히면 시선이 정면이 아닌 다른 곳을 향한다. 이때 상대방이 보는 시점에서는 아이 콘택트Eye contact가 되지 않으면서 자신감이 떨어져 보인다.

인간의 말하기 사고 과정

1. 고안(Invention)
2. 배열(Arrangement)
3. 표현 방식(Style)
4. 암기(Memorization)
5. 전달(Delivery)

인간의 말하기 사고 과정을 보여주는 이유는 이 과정을 이해해야 자신감이 어떻게 구성되는지 알 수 있기 때문이다. 자신감은 매우 중요하지만 한편으로는 추상적인 개념이다. 구체적으로 자신감을 어떻게 보여줄 것인지 준비해야 하는데, 그 시작이 말하기 사고 과정을 이해하는 것이다. 아나운서 시험 같은 특수한 면접을 제외하고는 면접에서 말을 유창하게 하는 것이 크게 중요하진 않다. 하지만 어느 정도 수준 이상의 말하기 실력은 필요하다. 무엇보다 자신감이 떨어져 보여서는 안 된다는 말이다.

기계적 문답이 아닌 커뮤니케이션을 해야 한다

어렵게 얻은 첫 면접을 보고 아쉽게도 탈락한 취준생들이 가장 많이 하는 후회는 '너무 긴장했다', '기계적으로 답변했다', '단답식으로 말했다'이다. 여기에서 중요한 시사점은 답변의 정답보다는 커뮤니케이션이라는 맥락이다. 즉 'A를 질문받았으니 실수하지 않고 A만 잘 대답하면 되겠지'라는 생각으로 답변한 것을 후회하는 것이다. 물론 질문에 답변하는 과정이 면접이지만, 시험을 보는 과정이 아닌 사람이 직접 보는 과정이다. 다시 말해서 답변 자체도 중요하지만 커뮤니케이션을 해야 한다는 말이다. 사실 커뮤니케이션이라는 개념 역시 추상적이지만 그중 핵심은 '함께' 대화를 나누는 것이다. 상대방을 배려하면서 대화를 하고 있다는 느낌을 줄 수 있어야 한다. 상대방이 느끼지 못하면 내가 커뮤니케이션을 못하고 있는 것이다. 상대방에게 '어떤 느낌'을 주면서 말하고 있는지 스스로 바라볼 수 있어야 커뮤니케이션의 개념을 이해하는 것이다.

예를 들어보자. 면접관이 A를 질문했을 때 지원자가 단답으로 A만 답변하는 경우와, A와 더불어 플러스알파를 답변하는 경우를 떠올려보자. 또 플러스알파에는 면접관이 평가하려고 했던 요소가 강조되어 있다면? 당신이 면접관이라면 어떤 사람이 커뮤니케이션하려는 느낌을 더 주는 것 같은가. A만 답변한 지원자에겐 면접관이 A와 커뮤니케이션하기 위해 질문을 더 해야 한다.

다른 예로 면접이 시작될 때 '오늘 면접장 오면서 어려운 점은 없었나요?'라는 질문을 받았다고 가정해보자. '네, 큰 어려움은 없었습니다'라고 답변했을 때 면접관으로서 느낌이 어떨지 생각해보자. 다음으로 '네, 큰 어려움은 없었습니다. 그런데 오늘 실제로 회사에 들어서니 오랫동안 준비했던 이 회사, 정말 다니고 싶다는 생각이 더 강하게 들었습니다. 오늘 면접 잘 보고 싶습니다. 잘 부탁 드립니다'라는 답변을 듣고 느낌을 떠올려보자. 어떤가? 두 답변의 느낌이 확연히 다르다. 사실 이 질문은 평가요소가 포함된 것이 아니다. 그저 지원자와 커뮤니케이션을 부드럽게 시작하기 위한, 지원자가 충분히 역량을 표현할 수 있도록 배려하는 라포Rapport 형성 질문이다. 하지만 두 답변은 분명 다른 커뮤니케이션 느낌을 준다. 특히 첫 질문이기 때문에 첫인상과도 연결되어 상대방에게 큰 영향을 미친다.

면접의 커뮤니케이션에서 자신이 어떤 느낌을 줄 것인지 점검해보자. 정답이 있지는 않지만 신입사원의 모습을 떠올려보면 좋다. 적극적이고 긍정적인 느낌을 추천한다. 신입사원은 조직에서 새롭게 많은 일들을 배워야 하고, 새로운 일에 도전하며 기존과 다른 성과를 차근차근 만들어내야 하는데, 어떤 느낌을 주는 것이 더 유리한지 알 수 있을 것이다.

'다른 사람도 이 정도는 할 것 같은데'를 넘어설 것

면접에 필요한 세 번째 마음가짐은 답변의 내용을 구체적으로 점검하는 것이다. '이 정도는 다른 사람도 말할 수 있을 것 같은데'라는 생각이 들면 아직 부족하다. 만약 내일 당장 면접을 본다고 생각해보라. 스스로가 가장 잘 알고 있다. 계속해서 구체성을 미리 준비해야 한다. 면접관 입장에서 엇비슷한 내용을 말하는 지원자에게 높은 점수를 주기는 어렵다. 평소에 이런 관점에 유의하여 더 구체적으로 혹은 다르게 표현하는 연습을 해야 한다. 아직 시간이 있다면 이 책에서 소개하는 면접 전략을 바탕으로 구체적 시뮬레이션을 준비해야 한다. 가능한 한 해당 질문을 듣는 상대방, 즉 면접관의 고개를 끄덕이도록 만드는 답변을 준비해야 한다.

2. 말할 내용 준비 : 세 개의 원으로 시뮬레이션하기

면접은 어렵다. 어떤 질문을 받을지 모르기 때문이다. 그렇다고 운에 맡기고 내가 아는 질문만 기다릴 수도 없다. 미리 준비해야 하는데 질문의 큰 영역을 설정하고 연습하는 것이 가장 효과적인 전략이다. 각 영역에서 최대한 많이 시뮬레이션할 때 비슷한 유형의 질문에 대한 답변을 잘할 확률이 높아진다. 또 답변에 플러스알파를 붙이는 것이 가능해진다. 같은 질문에 대해 여러 차례 답변을 하다 보면 어떻게 해야 면접관의 고개를 끄덕이게 만들지 더 나은 답변이 떠오르기도 한다. 나아가 혹시 모르는 질문이 나왔을 때라도 대신 대답할 말도 생긴다.

세 가지 영역은 나, 상대, 거시적 영역이다. 질문의 유형을 분석하고 정리하면 이렇게 세 가지 영역으로 묶을 수 있다. 각 영역에서 나올 수 있는 질문들을 정리해나가며 시뮬레이션을 하는 것이 핵심 전략이다. 전략은 심플해야 한다. 그래야 전략을 계속 유지하며 앞으로 나아가기 쉽다. 오늘부터 면접 준비를 한다면 세 개의 원으로 면접 질문을 만들어보고 답변 연습을 시작하자. 이것이 면접에서 말할 내용을 준비하는 시작이다.

면접 질문의 영역 : 세 개의 원

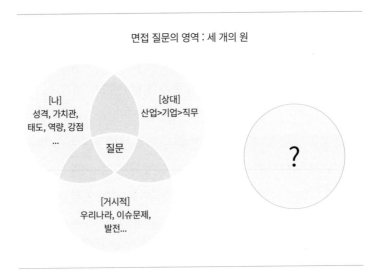

첫 번째 원은 나에 대한 것이다. 성격, 가치관, 태도, 역량, 강점 등 나에 대해서 물을 수 있는 질문들을 정리해나가자. 이중에서 우선순위는 내가 방어하기 어려운 것들이다. 예를 들어 사기업 취업 시 나이가 많거나 공백기가 2년 이상 긴 기간일 경우가 있다. 또 학점이 너무 낮거나 다른 특이사항 중 부족하다고 생각하는 점에 대한 체계적인 답변을 준비해야 한다. 방어하기 어려운 질문들은 더 구체적으로 답변을 준비할 필요가 있다.

두 번째 원은 상대에 대한 것이다. 상대는 취업의 빅 픽처인 산업, 기업, 직무다. 추가적으로 해당 회사의 제품이나 서비스 등을 포함할 수도 있다. 각각에 대해서 구체적인 시뮬레이션을 한다는 것은 세부적인 카테고리를 분석하고 노트의 한 페이지씩 채워나가며 실제 면접 답변하듯이 말하는 연습을 하라는 뜻이다. 앞서 'Take information. 정보 수집 및 분석 역량'에서 살펴본 분석 방법을 참고하여 각 카테고리별로 한 페이지씩 채워나가며 연습해 보자. 말할 때 하나의 카테고리에 대해 언급하고 다시 이어서 다른 카테고리를 제시하는 연습이 유용하다.

세 번째 원은 거시적 영역이다. 우리나라와 관련된 내용, 최근 사회 이슈나 문제, 발전 방향 등 거시적인 연결점들이다. 평소에 접하는 거시적인 연결점들을 생각하며 답변해야 한다. 특히 임원 면접에서 거시적 관점의 질문이 나올 가능성이 높기 때문에 미리 준비하면 좋다.

1분 자기소개는 어떻게 준비해야 할까?

1분 자기소개는 면접에서 요구할 수도 있고 그렇지 않을 수도 있다. 어쨌거나 미리 준비하는 것이 좋다. 면접관 입장에서 보면 1분 자기소개는 지원자를 파악하기 좋은 질문이다. 면접관은 지원자가 자신, 자신이 준비한 과정, 자신의 역량 등을 스스로 말하도록 질문을 해야 하는 역할인데, 지원자를 파악하기 좋은 시작 질문이 바로 1분 자기소개다. 1분 동안 지원자가 말하는 동안 여러 가지를 파악할 수 있기 때문이다.

한편 지원자 입장에서 1분 자기소개는 면접 말하기 연습에도 좋은 소재다. 매일매일 쉽게 연습할 수 있는 내용이다. 아침에 한 번, 저녁에 한 번 연습해보며 자신이 어떤 눈빛과 표정으로 어떻게 말하는지 점검하길 추천한다.

그렇다면 1분 자기소개의 내용으로 무엇을 말하는 게 좋을까? 물론 정해진 답은 없지만, 이때 고민해봐야 하는 것이 1분 자기소개의 의도다. 1분 자기소개는 결국 '1분 동안 당신을 소개하는데, 당신이 전하고 싶은 느낌을 주면서 임팩트 있게 나타내보라'는 의도를 갖고 있다. 이 의도 파악을 통해 1분 자기소개에서 말하지 말아야 할 내용을 알 수 있다. 임팩트를 주라는 것은 다른 무엇보다 강조해서 말하고 싶은 것을 표현하라는 뜻이다. 그러므로 어차피 물어볼 지원동기나 입사 후 포부 또는 경험을 장황하게 말할 필요는 없다. 물론 지원동기나 입사 후 포부에서 특정한 것을 임팩트 있게 나타낼 수도 있지만, 이러한 내용을 미리 준비하는 건 쉽지 않다. 또 경험을 나열하거나 장황하게 말해도 효과가 없다. 이보다는 자신을 나타내는 핵심을 표현하는 게 좋다.

"저는 1분 자기소개를 제가 가진 대표 키워드로 하겠습니다."

오히려 자신을 나타내는 키워드를 두괄식으로 표현하는 것이 임팩트 있다. 보통은 '역량'을 1분 자기소개의 내용으로 준비하는데, 대부분 지원자들이 준비하기 때문에 한 가지 더 준비하길 추천한다. 핵심 강점이나 태도 등을 키워드로 준비하면 좋다. 다만 앞에 수식어를 구체적으로 붙여야 다른 느낌, 즉 임팩트를 줄 수 있다. 끈기보다는 지독한 끈기 혹은 한 번 시작하면 절대로 포기하지 않는 끈기와 같은 당신의 강점을 살린 수식어를 고민해보자. 또

수치를 포함한 키워드로 구성하는 것도 좋다.

종종 비유를 활용해서 1분 자기소개를 하는 지원자가 있다. 비유는 대화법 중에서 고급 기술에 속한다. 각인 효과가 뛰어나기 때문에 유려한 글에서 자주 사용되는데 효과적으로 써야 한다. 적절하게 사용하지 않으면 오히려 반감을 줄 수 있기 때문이다. 만약 비유로 자기소개를 시작한다면 쉽게 알아들을 수 있으면서도 맥락적으로 어색하지 않게 이어갈 수 있는 내용을 준비하는 게 좋다.

결국 1분 자기소개의 핵심은 면접관에게 내가 어떤 느낌으로 어떤 임팩트를 줄 것인지이기 때문에 사전에 기획해야 한다. 1분 자기소개를 무엇으로 어떻게 해야 면접관에게 긍정적인 느낌과 긍정적인 자극을 줄 것인지 많이 고민하며 준비해야 한다. 자신이 갖고 있는 것들을 다시 점검하고 기획해보자. 그리고 준비한 콘셉트로 반복해서 연습해보자. 스스로 점검하며 어떤 느낌을 주고 어떤 임팩트가 있는지 살펴보자. 여러 번 연습하며 면접 말하기의 기본기를 끌어올리고 스마트폰으로 녹화해 직접 보며 면접의 기본적인 부분을 점검하면 좋다.

3. 면접 유형별 점수 획득 스킬 준비

인성 면접

인성이라고 하면 보통 기본 됨됨이라고 표현할 수 있다. 하지만 이 표현도 어찌 보면 막연하다. 혹은 태도라고 할 수 있지만 이 또한 구체적이진 않다. 기업에서 보는 인성은 착한지 그렇지 않은지가 아니다. 기업에서 보는 인성은 당신의 무엇을 평가하려는 것일까?

우선 인성검사를 통해 한 차례 체크를 하고, 이를 통과하면 다시 면접에서 재평가한다. 여기에서 보는 것은 조직생활에 적합한지, 해당 회사가 추구하는 인재상과 가치에 부합하는지, 또는 특정 경향이 과하게 나타나는지 여부다. 다시 말해서 '조직적합성'과 '가치적합성'을 평가한다.

이러한 조직적합성과 가치적합성을 묻는 질문은 '면접 질문의 영역, 세 개의 원' 중 나 그리고 나와 상대와의 공통 부분에 대한 것이다. 나에 대해서 받을 수 있는 질문과, 나와 상대와의 접점에서 나올 수 있는 질문을 최대한 시뮬레이션해서 체계적인 답변이 될 수 있도록 훈련해야 한다. 계속해서 강조하지만 아나운서처럼 말을 유창하게 하기 위해 연습하는 것이 아니라, 자신감을 보여주고 면접관에게 긍정적인 자극을 주는 태도를 보여주기 위한 연습을 해야 한다. 나아가 면접관의 고개를 끄덕이게 만들 만한 높은 평가를 받으면서 좋은 느낌을 주는 답변을 연습해야 한다.

"1분 자기소개 해 보세요."

"가장 자신 있는 것은 무엇인가요?"

"다른 회사는 어디 지원했나요?"

"우리 회사가 개척하고 있는 신시장은 어디인가요?"

"경쟁에서 져본 적이 있는지, 그때 배운 점은 무엇인가요?"

"어떻게 지원하게 되었나요?"

"지원한 직무에 대해 말씀해보세요."

"전공이 물리학인데 반도체 공부는 어떻게 하셨나요?"

"반도체에 대해 잘 아시는 것 같은데 반도체 산업에서 우리 회사

  의 인사이트는 무엇이라고 생각하시나요?"

"친구들이 본인을 뭐라고 평가하는 편인가요?"

"가장 열정적이었던 경험을 말씀해보세요."

"입사 후 이루고 싶은 목표가 있나요?"

위의 질문들은 실제 인성 면접에서 나왔던 사례다. 모두 세 개
의 원에 포함되어 있는데, 나 그리고 나와 상대와의 공통 부분에
관한 것이다. 먼저 위의 질문을 보고 의도를 파악하는 연습을 해
보자. 가장 자신 있는 것을 묻는 질문은 강점을 물어보는 것이다.
경쟁에서 져본 경험은 태도를 묻는 경험 질문이다. 그런데 지원한
다른 회사를 묻는 질문은 의도가 무엇일까? 이 질문에는 어떤 답
변을 해야 할까? 예를 들어 반도체 기업인 H기업 면접장에서 이
질문을 받았다고 해보자. 반도체 산업에 취업하기 위한 취준생이
라면 당연히 S전자에도 지원했을 것이다. 마찬가지로 통신 산업에

취업하기 위한 취준생이 L기업에 갔다면 당연히 통신회사 S텔레콤에도 지원했을 것이다. 그렇다면 S전자, S텔레콤이라고 답하면 될까? 하지만 그렇게 말하면 그다음 이어갈 말이 없다.

이 질문의 의도는 산업과 기업에 대한 관심과 준비도다. 산업에 대한 이해도와 준비 과정 그리고 해당 기업의 구체적인 강점을 포함해서 답변해야 좋은 평가를 받을 수 있다.

"저는 통신 산업에 관심이 많아서 S회사와 K회사도 지원했습니다. 그러나 가장 일하고 싶은 기업은 L사입니다. 왜냐하면 제가 통신 산업에 대해 오랫동안 관심을 갖고 분석하며 필요한 역량을 준비하며 OO한 점이 가장 중요하다고 생각했기 때문입니다. 이 과정에서 통신 산업에서 기업이 어떻게 경쟁력을 갖춰나가야 하는지 고민을 계속했는데, 특히 L사는 OO면에서 이러한 저의 가치와 부합하고 회사가 지향하는 방향으로 저 역시 꾸준한 준비를 해왔습니다. 또 L회사의 상품 개발과 시장에서의 OOO마케팅 과정을 통해 저는 OOO한 분석과 적용까지 해봤습니다. 이러한 의미에서 제가 지원한 회사들 중에서 가장 몸담고 싶은 곳이 이곳 L사입니다."

위의 답변 예시에서 느낄 수 있는 부분은 산업과 기업에 대한 관심과 구체적인 준비성이다. 답변에서 기업에 대한 분석과 함께 지원자의 고민과 노력을 느낄 수 있다. 취준생이 가장 많이 요구받고 가장 많이 고민하는 것이 구체성인데, 이 역시 가혹하게 들리겠지만 계속 고민해봐야 한다. 더 고민한 내용이 답변에 담겼을 때 어떤 느낌을 주는지 스스로 알 수 있을 것이다.

산업 질문으로 '본인은 반도체와 얼마나 연관되어 있는 삶을 살았나요?'라는 질문이 있다. 잘 만든 면접 질문이다. 기업은 산업에 관심이 많다. 지원자의 산업에 대한 관심을 묻는 기회가 있다면 체계적으로 답변할 준비를 해보자. 단순히 기업의 정보만 나열하는 것이 아닌 산업과 기업을 연결해서 답변하는 것이 긍정적인 느낌을 주면서 설득하는 길이다.

경험을 묻는 질문 역시 백 퍼센트다. 앞서 자기소개서 작성법에서도 강조했지만 경험을 어떻게 표현할지가 굉장히 중요하다. 상대방은 나의 경험 자체에 대한 관심보다는 해당 경험을 어떤 '목적'과 '태도'로 했는지를 더 중요하게 본다. 상대를 설득해야 한다는 목표 측면에서 보자면, 경험에서 말해야 하는 목적과 태도 역시 상대와 관련된 것이어야 한다. 경험을 설명만 하려고 하지 말고 목적을 강조하고, 해당 경험에서 역량이나 태도와 관련된 본인의 행동을 질문 의도에 맞게 충분히 강조하고 풀어서 말해야 한다. 강조하고 풀어서 말하라는 것은 행동의 의도, 과정, 구체적인 행동 특성 등을 포함하라는 뜻이다.

또 주의할 점은 경험을 역량으로 물어볼 때는 역량으로 답변하고, 태도로 물어볼 때는 태도로 답변해야 한다는 것이다. 경험을 묻는 질문은 두 가지 유형으로 나뉠 수 있는데, 역량과 태도 중 하나다. 의도를 잘 파악해서 묻는 말에 답해야 한다.

"마케팅이 무엇이라고 생각하시나요?"
"우리 회사의 경쟁사는 어디라고 생각하세요?"
"입사 후에 어떻게 성장하고 싶으세요?"
"본인의 단점은 무엇인가요?"
"최근에 읽은 책 있나요?"
"직무가 적성에 맞지 않는다면 어떻게 하시겠어요?"

인성 면접 질문을 더 살펴보자. 직무 관련 질문은 직무 면접뿐만 아니라 인성 면접에서도 물어볼 수 있다. '마케팅이 무엇이라고 생각하시나요?'라는 질문은 직무 질문인데, 여기에서 마케팅이 무엇인지 설명하는 답변은 점수를 받을 수 없다. 의도가 그게 아니다. 다르게 표현해야 한다. 재정의하거나 자신의 생각을 담아서 표현해야 점수를 잘 받을 수 있다.

인성 면접에서는 자기소개서에 있는 기본 질문을 포함해 다양한 질문이 나올 수 있다. 한편 조직적합성의 형태로 직무 질문을 하기도 한다. '직무가 적성에 맞지 않는다면 어떻게 하시겠어요?'라는 질문이 바로 그것이다.

여기에서는 조직이 우선이라는 방향에 맞춰 내가 먼저 '태도 측면에서 어떻게 할 것이고, 또 어떻게 노력할 것이다'라는 방식의 답이 좋다. 한 가지 노력만 말하기보다는 자신의 태도와 행동을 드러낼 수 있는 여러 가지를 말하는 것을 추천한다. 섣불리 판단하기보다는 내가 먼저 적응하고 알기 위해서 어떻게 하겠다는 식으로 구체적으로 풀어 답변하길 권한다.

최근 읽은 책을 묻는 질문은 자기소개서의 성장 과정과 같은 의도다. 어떤 책을 말해도 좋지만, 그 책을 통해서 자신이 나타내고 싶은 메시지를 표현하라는 의도가 숨어 있다. 이를 파악하고 답변해야 한다. 여기에서도 마찬가지로 A를 물어봤으니 A만 답할 것이 아니라, 플러스알파를 포함해야 한다. 그리고 플러스알파에는 반드시 메시지가 있어야 한다.

공공기관에서 나왔던 인성 면접 기출 질문도 살펴보자.

"지원동기 말씀해보세요."
"사기업이 아닌 공기업을 지원한 이유가 있나요?"
"우리 기관에 대해 아는 대로 말씀해보세요."
"우리 기업의 적자가 이어지고 있는데 어떻게 해야 할까요?"
"본인 성격의 장점과 단점을 말씀해보세요."

공공기관도 직무의 영역은 사기업과 같은 맥락이다. 다른 점은 사기업과 추구하는 목적이 다르다는 점이다. 그런 점이 구체성이 되고 논리가 되어 답변에 드러나야 한다. 스스로 생각하기에 명확한 답변이 아니라면 면접관도 같은 느낌을 받게 된다.

적자 해결 방안은 참 어려운 질문이다. 이 질문은 정답보다는 고민해봤는지 기업에 대한 관심도를 알아보려는 것이다. 따라서 중요한 부분을 언급하고 나름대로 고민해본 부분을 표현해야 한다. 예를 들어 '어떤 부분 때문에 적자가 이어지고 있는지 언급하고 그 부분에 대해서는 어떤 부분을 어떤 방향으로 가야 한다'거나 '추가적으로 어떤 대안으로 방안을 모색해볼 필요가 있다고 생각한다'와 같은 답변을 추천한다. 주의할 점은 부정적 어조를 피해야 하고 비판만 해서는 안 된다는 점이다.

인성 면접 대응 방안

커뮤니케이션의 기본을 놓치지 말 것

면접에 필요한 커뮤니케이션의 기본을 알아보자. 우선 표정과 눈빛을 자신감 있게 유지해야 한다. 당황스러운 상황이 있을 수 있고 공격을 받을 수도 있다. 그럼에도 불구하고 잘 유지해야 한다. 추상적인 자신감이 아니라 구체적인 자신감이 드러나는 자세가 필요하다. 자세는 상대방이 중요한 사람임을 보여줄 수 있도록 상대방을 향해 있어야 한다. 따라서 의자 뒤로 지나치게 많이 기대거나 구부정하면 좋지 않다.

아이 콘택트는 어디를 보라는 말일까? 인중이나 미간을 보라는 조언도 있지만 권하고 싶지 않다. 인중을 보면 인중을 보고 있다는 느낌을 준다. 아이 콘택트는 말 그대로 눈을 봐야 한다. 상대의 눈을 볼 때 상대도 눈을 보고 있다고 느낀다.

다음으로 커뮤니케이션의 기본으로 많이 들어온 경청을 살펴보자. 경청의 핵심은 절대로 상대방의 말을 끊지 않는 것이다. 그런데 면접관에게 잘 보이고 싶고 자신의 적극적인 태도를 알리고 싶어서 면접관의 질문 중간에 '네'라는 대답을 자주 하는 지원자가 종종 있다. 상대방의 말을 끊는 반응이라 삼가야 한다. 면접관의 질문을 끝까지 듣고 질문이 끝나고 1~2초 후에 답하는 것이 좋다.

또한 경청과 함께 커뮤니케이션의 기본은 '패러프레이징 Paraphrasing'이다. 상대방이 말한 내용을 살짝 언급하면서 말하는 방법이다. 다만 주의할 점은 기계적으로 계속 같은 방식을 쓰지 말아야 한다. 전체 면접의 맥락에서 약간씩 다르게 활용하는 방법을 갖추면 좋다. 반복적으로 같은 패턴 또는 방식을 사용한다면 기계적으로 보일 수 있기 때문이다.

다음으로 추천하는 커뮤니케이션의 기본은 두괄식 표현이다. 사람은 원래 타인의 말을 잘 듣기 어렵다. 더 중요한 생각이 머릿속에 있기 때문이기도 하고, 그만큼 동시에 다양한 사고를 할 수 있기 때문이기도 하다. 이러한 점에서 두괄식이 효과적이다. 먼저 묻는 말에 두괄식으로 답해야 상대방에게 커뮤니케이션이 명쾌하다는 느낌을 준다. 자기소개서 작성에서도 두괄식을 추천한 것처럼 면접에서도 두괄식 말하기를 추천한다.

마찬가지로 상대방, 즉 면접관은 내 말을 잘 듣는 척하지만 내가 장황하게 말하면 잘 안 듣는다. 따라서 적절하게 정리를 해주거나 강조해주는 방법도 필요하다. 이 방법을 활용할 때 기계적인 답변에서 벗어날 수 있고, 서로 커뮤니케이션한다는 느낌을 줄 수 있으며, 자신이 전달하고자 하는 바도 명확하게 전할 수 있다. 자신의 말이 혹 장황하다고 느껴지면 '정리하면'이라고 말하며 마무리를 하자. 혹은 말하다가 길을 잃고 횡설수설할 때는 '다시 말씀드리겠습니다'라고 솔직하게 말하는 게 좋다.

강조하는 방법은 두 가지만 잘하면 된다. 강조하고 싶은 내용에서 목소리 톤을 조금 높이고, 내용에 직접 강조하는 말을 포함하는 것이다. 예를 들어 '핵심은', '가장 중요한 점은'과 같은 직접 강조 표현을 활용하는 것이다.

필수 질문은 반드시 체크하고 세 개의 원으로 다양한 질문에 대비하라.

필수 질문은 우선 자기소개서에 나온 질문이다. 또한 내가 자기소개서에서 쓴 내용과 관련해서 물어볼 만한 것들이다. 여기에서도 마찬가지로 무엇을 물어볼지 모르지만 최대한 시뮬레이션해볼 때 대응 능력이 커진다. 실제로 자기소개서 피드백을 요청하는 취준생을 만났을 때 가장 잘 준비하는 분들은 자기소개서에 깨알같이 작은 글씨로 무언가 적어온다. 화살표로 그리고 키워드를 적어보며 해당 키워드로 말하는 연습까지 해본 것이다. 이렇게 구체적으로 시뮬레이션해보는 것이 가장 좋은 방법이다.

다양한 질문은 상대에 대한 영역, 거시적인 영역의 질문이다. 상대와 관련된 산업, 기업, 직무, 나아가 제품이나 서비스 등의 질문을 열거하고 답변을 준비해야 한다. 거시적인 영역은 우리나라의 경제, 경영, 사회, 문화 등의 이슈를 살펴보는 것이고, 이를 확장해서 글로벌 관점으로도 생각해보면 좋다.

구조적으로 말할 것

설득하기 위해서는 논리가 필요하다. 논리를 다른 말로 하면 구조Structure다. 글에는 문단이 있고 문장이 있으며 단어가 있다. 이 역시 구조다. 이를 말에 적용하면 어떤 순서로 이어나가는 것이 설득구조인지 볼 수 있다. 대표적인 설득하는 문장의 순서는 주장, 근거, 예시다. 이를 구조화해서 사용하는 말하기 방법이 프렙PREP이다.

주장(Point): 질문에 대한 지원자의 주장
근거(Reason): 주장을 뒷받침하는 근거
예시(Example): 주장의 근거에 타당성을 더하는 구체적인 예시, 사례
재주장(Point): 주장에 대한 재강조

프렙법은 역사상 인류가 가장 많이 활용하는 논리적인 말하기 구조다. 관련한 책도 있다. 실제로 우리는 누군가를 설득할 때 이러한 사고 과정을 거친다. 따라서 이를 활용하는 것이 논리적으로 상대를 설득하는 기본이 된다.

직무 면접

직무 면접에서 나오는 질문의 유형부터 정리해보자.

- 전공 또는 직무 관련 전문 지식을 묻는 질문
- '직무 이해도'와 '직무 준비도'를 포괄적으로 묻는 질문
- '직무 이해도'와 '직무 준비도'를 구체적으로 묻는 질문

"R&D 직무를 지원한 이유는 무엇인가요?"

"R&D가 아니고 왜 양산기술인가요?"

"지원한 직무에 대해 아는 대로 말씀해보세요."

"지원한 분야에서 자신의 부족한 점은 무엇이라고 생각하세요?"

"OO직무에서 가장 어려울 것 같은 업무는 뭐라고 생각하세요?"

"OO직무에서 구체적으로 어떤 업무를 맡고 싶으신가요?"

"OO직무의 핵심은 무엇이라고 생각하세요?"

"OO부분에서 어떤 일을 하는지 어떤 능력이 필요한지 알고 있나요?"

"OO직무를 수행하기 위해 필요한 역량과 해당 역량을 키우기
위해 노력한 과정 말씀해보세요."
"OO직무에서 다루는 설비나 장비에 대해 말씀해보세요."
"본인 전공이 지원한 전공에 어떻게 활용될지 말씀해보세요."

직무 질문은 백퍼센트다. '직무 이해도'와 '직무 준비도'를 묻는
직무 질문은 무조건 나온다고 생각하고 철저히 준비해야 한다. 그
리고 면접에서 중요한 지점은 바로 첫 직무 질문에 답변을 어떻게
하는가 여부다. 물론 직무 관련 질문이 계속 이어지겠지만 첫 질문
에 어떻게 답변하느냐에 따라서 면접관에게 주는 느낌을 다르게
할 뿐만 아니라 면접을 주도적으로 만들어나갈 수 있다. 또 꼬리
질문 역시 첫 답변에 따라 달라질 수 있다. 직무 관련 질문은 체계
적으로 준비해서 첫 답변에 특히 신경 쓰고 꼬리 질문이나 후속 질
문에도 대응력을 높여야 한다. 직무 질문의 유형별로 준비 방안을
살펴보자.

전공 또는 직무 관련 전문 지식을 묻는 질문

해당 분야에 대한 전문 지식을 묻는 경우가 많아졌다. 학사 공
채 또는 수시 채용임에도 불구하고 기업의 요구 수준이 더 높아지
고 있다는 것이다. 지원자 역시 이에 대해 대비하는 방향으로 준비
해야 한다. 대표적인 분야로 반도체나 IT 분야가 있다. 직무 면접에

서 전문 지식을 묻는 경우가 많다. 반도체 회사에서 공정이나 기술 혹은 장비와 관련된 질문을 하는 경우다. 또 IT 회사의 경우에도 IT와 관련된 전문적인 지식이나 기술을 묻고 답을 원한다.

한편 전공 관련 질문을 하는 기업도 있다. 철강 회사와 제약 회사가 대표적이고 에너지 공기업에서도 전공 질문을 한다. 예전에는 전공 시험을 보고 이를 바탕으로 추가 면접을 보기도 했지만, 최근에는 질문만으로 평가하는 경우가 많다.

"우리나라 송배전은 어떤 방식을 사용하는가요?"

"직류와 교류의 장점과 단점은 무엇인가요?"

"전력계통에서 저압일 때와 고압일 때 어떤 현상이 생기는가요?"

"차단기의 종류는 무엇이 있으며 정격차단시간이란 무엇인가요?"

"유효전력과 무효전력의 차이는 무엇인가요?"

"발전기의 과열을 방지하기 위해서 사용하는 방법은 무엇인가요?"

"송전 전압을 높이는 이유는 무엇인가요?"

"자계와 전계의 차이는 무엇인가요?"

"변압기 손실에 대해 설명하시오."

"다이오드에 대해 아는 대로 설명하시오."

"플레밍의 법칙에 대해 설명하시오."

"홀 효과Hall Effect에 대해 설명하시오."

"터빈에 진동이 발생하고 있다. 진동 발생 원인 중 하나가 공진 현상인

네, 고유진동수에 대해 설명하고 진동 발생 원인에 대해 종합하여 설명하고 해결방안은 무엇인지 의견을 제시하시오."

"부유선별에 대해서 설명하시오."

"모스Mohs 경도계 순서는 무엇인가요?"

"NSR이 무엇인가요?"

"도로의 종류와 콘크리트 포장의 종류를 말씀해보세요."

"콘크리트 포장의 장비 조합은?"

"응력, 변형률 선도에 대해 말씀해보세요."

"냉동 사이클에 대해 말씀해보세요."

"수력발전소에 대해 설명하시오."

전공이나 직무 관련 전문지식에 대한 준비는 기출문제가 우선이다. 왜냐하면 실제로 기출에서 많이 나오고 기출문제만으로도 변별력이 생기기 때문이다. 취업 포털사이트나 취업 커뮤니티사이트에서 해당 기업의 기출문제를 찾아보자. 또 해당 기업을 목표로 출판된 취업 전문 서적을 통해서 기출문제를 먼저 풀어보는 방법도 좋다. 해당 기업을 중점 목표로 구성된 내용이기 때문에 참고하기 좋고 기출문제나 관련 질문이 많다.

다음 우선순위는 전공이나 직무 내용 중에 중요한 법칙이나 큰 덩어리 개념의 중요한 내용을 정리해나가는 것이다. 주요 과목을 펼쳐보며 중요한 법칙이나 내용을 정리하되 말로 설명할 수 있을 정도로만 정리하면 된다.

마지막 우선순위로 이렇게 정리한 이론적인 내용을 직무 관점으로 연결해서 나올 만한 질문에 대한 답을 연습해야 한다. 마케팅 측면에서, 공정 측면에서, 제품 관점에서, 사용자 측면에서 등 다양한 연결을 시도해보길 추천한다.

'직무 이해도'와 '직무 준비도'를 포괄적으로 묻는 질문

'직무 이해도'와 '직무 준비도'를 포괄적으로 묻는 질문에서는 내가 먼저 직무 관련 카테고리를 선택해서 제시할 수 있다. 여기에서 생각해볼 점은 해당 직무와 관련된 기본 내용에 더해서 무엇을 더 제시할 것인지에 집중해야 한다. 답변이 해당 직무 담당자라면 당연히 해야 할 준비를 말하고 있다면, 다른 지원자와 차별성이 없다. 또한 평가 점수 역시 보통 수준일 확률이 높다. 따라서 맥락적으로 중요한 직무의 하위 카테고리 또는 요소를 제시하되 다양한 부분을 언급해야 한다. 맥락적으로 중요한 것을 말하라는 건 상대방 입장에서 중요하게 생각할 만한 것을 전달하라는 의미다. 혹은 직무 준비 과정에서 고민한 내용을 담아 전달하는 것도 좋은 방법이다.

지원한 직무에서 구체적으로 어떤 업무를 맡고 싶으신가요?

"저는 어떤 업무든 맡겨만 주시면 최선을 다할 준비가 되어 있습니다. 저는 인사 직무에서 가능한 많은 업무를 배워서 성장하고자 하는 목표가 있기 때문에 이떤 업무로 시작하는지는 크게 중요하지 않다고 생각합니다. 더군다나 제가 맡게 될 업무는 선배님들의 업무 분장에 따라 결정될 것이라고 예상됩니다. 하고 싶은 업무를 꼽는 것보다는 주어진 역할에 최선을 다하겠습니다."

위의 답변은 고민하지 않은 답변이다. 구체적인 직무가 정해지지 않은 공공기관 사무행정 직무일지라도 고민해보고 답변을 준비해야 한다.

지원한 직무에서 구체적으로 어떤 업무를 맡고 싶으신가요?

"저는 식품관에서 업무를 시작하고 싶습니다. 현장의 중요성이 무엇보다 우선이라고 생각합니다. 백화점 매출은 식품관 고객이 좌우한다는 말도 있듯이, 식품관에서의 소비가 다른 층에서의 소비로 이어지는 경우가 많다고 생각합니다. 또 식품관이 매출 발생의 시작점인 만큼 관리하고 신경 써야 할 부분도 많을 것입니다. 따라서 식품관에서 고객을 직접 만나고 분석하며 기본기를 탄탄히 하고 싶습니다. 업무적으로 더 고될지라도 많이 배울 수 있고 성장할 수 있는 기회가 많은 곳에서 업무를 시작하고 싶습니다."

지원한 직무에서 구체적으로 어떤 업무를 맡고 싶으신가요?

"저는 품질관리 직무에서 고질결함 개선을 위한 프로젝트를 맡고 싶습니다. 현장이 중요하고 현장에서는 생산과 품질이 중요합니다. 안정적인 생산을 기반으로 높은 품질 수준을 유지해야 하는데 여기에서 어려운 점이 바로 고질결함입니다. 현재 가장 반복적으로 나오는 고질결함은 OOO, OOO이 있는데요, 저는 여기에 집중하고 싶습니다. 저는 품질 담당자로서 고질결함 해결사로 저의 역량을 강화할 것입니다. 물론 그동안 여러 노력에도 불구하고 해결에 어려움을 느끼는 부분이 있겠지만 저만의 지독한 끈기로 해결하겠습니다. 상세한 데이터 분석과 끈질긴 분석력으로 근본 원인을 파악하고, 차근차근 제약요소를 해소하여 고질결함을 개선할 것입니다. 업무적으로 더 고될지라도 많이 배울 수 있고 성장해나갈 수 있다고 생각합니다."

고민한 흔적이 느껴지고 '직무 준비도'가 높은 답변은 다르다. 여기에는 지원자가 준비한 과정과 노력에 대한 목적이나 이를 뒷받침하는 이유나 근거, 예시 등이 포함되어 있다. 해당 준비나 노력이 중요한 이유나 근거, 예시 등을 들고, 그렇게 한 목적을 강조해서 전달해야 지원자의 준비가 부각된다. 지원자가 직무에 대해 준비할 것들을 명확하게 목적 의식을 갖고 했다는 점이 평가의 핵심이기 때문이다.

'직무 이해도'와 '직무 준비도'를 구체적으로 묻는 질문
'직무 이해도'와 '직무 준비도'를 구체적인 카테고리로 제시하며 묻는 경우도 있다. 대표적으로 직무 요구 역량은 무엇이고 어떤 준비를 했는지 묻는 질문이다. 이 경우에도 마찬가지로 어떤 역량이 중요하고, 그 역량이 왜 중요한지 근거를 대는 것이 중요하다. 예시까지 덧붙일 수 있으면 더 좋다. 당신이 제시하는 근거와 예시가 바로 '직무 이해도'다.

이러한 근거나 예시 이후에는 어떤 말을 이어갈지도 생각해야한다. 계속해서 설득하기 위한 배치를 고민하는 것이 중요하다. 어떤 역량이 중요하기 때문에 어떤 경험을 했다고 말하는 것보다는, 실제 현업에서 그 역량이 왜 중요하고 반복적으로 하는 일은 무엇이기 때문에 필요하다는 내용으로 말하는 것이 효과적이다. 이후에 내가 그 목적으로 어떤 경험을 했다고 말해야 설득할 수 있고, 나의 경험을 준비 과정으로 부각할 수 있기 때문이다.

역량 외에도 다양한 직무 카테고리를 물어볼 수 있는데, 여기에 필요한 것이 체계적인 직무 분석과 준비다. 결국 카테고리 싸움이다. 가능한 한 많은 카테고리를 묶어서 분석하고 대비해야 면접에서 답변을 잘할 수 있다. 혹시 모르는 질문이 나오더라도 비슷한 범주에 있는 카테고리로 대신 답할 수 있다. 따라서 앞서 직무 분석 부분에서도 강조한 바와 같이 직무 카테고리를 활용하여 면접 연습도 함께 해보자.

직무 Category

PT 면접

PT 면접은 기업에서 선호하는 면접 유형이다. 한꺼번에 여러 가지 역량을 평가할 수 있기 때문이다. 동시에 지원자들 사이에 점수 차이가 많이 나는 면접이기도 하다. 잘하는 사람과 못하는 사람의 차이가 분명히 드러난다. 학교에서 조별과제나 프로젝트 발표만 봐도 잘하는 사람과 아쉬운 사람이 확실히 구분되는 것과 마찬가지다.

취준생 입장에서는 PT 면접을 '기회'라고 해석하면 좋다. PT 면접은 더 높은 점수를 획득할 수 있는 좋은 기회다. 목표 기업에서 PT 면접을 본다고 하면 미리 준비해서 점수를 더 획득해보자.

기본에 충실하고 핵심만 짚어서 충분히 연습하면 잘 볼 수 있는 면접 유형이다. 그런데 적당히 준비하고 실수만 하지 않겠다는 마음으로 가볍게 본다면 높은 점수를 획득하기 어렵다. 실수하지 않고 PT 하는 건 기본 중 기본이고, 이를 넘어서 어떻게 더 점수를 획득할지 고민하고 준비해야 한다. 실제로 면접장에서 PT 면접을 진행하면 대체로 보통 수준이다. 일부가 굉장히 긴장해서 실수를 하고, 또 극소수가 매우 뛰어난 편이다. 이 책을 읽는 당신은 극소수에 들어가길 바란다. 책에서 제시하는 핵심 전략과 방안으로 극소수에 포함될 만한 역량을 준비해보자.

그렇다면 PT 면접을 잘하기 위해서는 무엇이 필요할까? 말하는 능력이 중요할까? 말하는 능력은 기본인데 그렇다고 아나운서와 같이 높은 수준은 아니어도 된다. 기본적인 말하기 실력에 커뮤니케이션하는 느낌을 주기 위한 스킬을 장착하면 된다. 말하기를 뜻하는 '스피치'는 '텍스트를 말하는 것'이다. 그런데 PT 면접은 한마디로 말하면 '보고해보세요'이기 때문에 단순히 말하기만 하는 것이 아니라 커뮤니케이션과 소통의 느낌까지 함께 줄 수 있어야 한다. 취준생 입장에서는 보고서를 작성해서 보고해본 경험이 적기 때문에 PT 면접에 필요한 말하기, 커뮤니케이션, 소통이 어떤 것인지 감이 잘 오지 않는다. 세부적인 스킬은 이제 살펴볼 것이고, 여기에서 강조하고 싶은 것은 단순히 말만 잘해선 안 된다는 점이다.

스피치 : 텍스트를 말하는 것
커뮤니케이션 : 상대를 고려해서 콘텐츠를 주고받는 과정

말만 잘한다고 다는 아니지만 그래도 기본은 되어야 한다. 어느 정도가 기본일까? 앞서 면접 부분에서 살펴본 인간의 말하기 사고 과정을 떠올려보자. 기본적인 아이 콘택트가 되지 않으며, 자신이 말할 내용의 순서가 정리되지 않는 상태라면 기본 연습부터 더 해야 한다. 우리는 같은 내용도 말하는 사람에 따라 차이가 발생하는 경험을 많이 한다. 예를 들어 '무슨 말인지 도무지 모르겠네', '이 사람이 알려주면 자연스럽게 이해가 간다'와 같은 평가가 있다. 이런 평가 과정이 의미하는 것이 바로 기본적인 스피치와 커뮤니케이션 능력이다.

이제 PT 면접에 대해 큰 그림을 그렸으니 PT 면접 역량을 키우는 방법을 살펴보자.

PT 면접의 청중

나의 PT를 듣는 사람은 누구인가? 중요한 질문이다. 준비한 발표 자료를 단순히 전달만 하는 것이 아니기 때문이다. 나의 PT를 듣는 사람은 '보고받는 사람'이다. 보고받는 사람 입장에서 내가 무엇에 집중해야 할지 생각해봐야 한다. 상대방은 나보다 주제에 대해서 훨씬 많이 알고 있고, 나아가 면접관이라는 역할도 함께하고 있기 때문에 비슷한 주제의 보고를 반복적으로 받는 사람이다. 그렇다면 나 역시 다른 사람과 비슷하게 해서는 높은 수준의 평가를 받기 어렵다. 핵심 스킬을 알아보기 전에 맥락적인 측면에서 상대방을 이해하는 것이 중요하다. 그래야 발표할 때 상대방에게 어떻게 전달할지를 결정할 수 있다.

PT 면접의 유형

유형은 크게 세 가지다. 첫째는 전공 또는 직무 관련 주제가 나오는 경우다. 전공 주제일 경우 자료가 주어지지 않고, 직무 주제일 경우에는 자료가 주어지기도 하고 그렇지 않을 수도 있다. 둘째는 주제와 자료가 주어지는 경우로, 보통 주제는 경영, 문제 해결, 이슈 상황, 업무 추진 등이 대표적이다. 그런데 이 유형에서는 주어지는 자료의 양이 많다. A4 용지로 스무 장에서 서른 장 혹은 그 이상이 되기도 한다. 세 번째 유형은 주제와 자료가 인바스켓In-basket 형태로 주어지는 경우다. 인바스켓 형태는 서류함 기법이라고도 하는데, 서류함에 담긴 다양한 항목들을 실제 직무에서 다루는 것처럼 문서로 작성하고, 이를 평가하는 모의과제 형태를 말한다. 즉 팀장님과 과장님에게 메일이 하나씩 오고, 여기에서 팀장님의 의도를 파악해서 보고서를 쓰는 방식이다. 보고서는 주제를 파악해서 문제를 해결하는 형태가 많고, 과장님의 메일이 하나 더 오는데 여기에는 보고서를 쓰는 데 도움이 되는 자료가 첨부되어 있다. 각 메일에는 첨부 파일이 두세 개씩 되는 경우가 많기 때문에 역시 자료의 양이 많다고 볼 수 있다.

PT 면접 진행 방식

가장 많이 채택하는 진행 방식은 A4 용지를 두 장 주고 최종 한 장을 제출하도록 한 다음, 작성한 발표 자료를 화면에 띄워 PT를 진행하는 것이다. 발표 자료를 화면에 띄우지 않고 화이트 보드를 이용해 발표하는 방식도 있다. 준비 시간은 보통 30분 정도다. 최근에는 공공기관에서 50분의 준비 시간을 주고 한글 프로그램으로 작성을 하도록 하는 경우도 있다. 발표 시간은 보통 5분 정도 주어지는 경우가 많다.

한편 실시간으로 PPT를 작성하는 방식도 있는데 시간이 오래 걸려서 많이 활용되진 않는다. 이보다는 사전에 주제를 주고 PPT

를 작성해오도록 하는 경우가 더 많다. 석사의 경우에는 관련 연구 주제에 대한 PPT를 준비해서 PT 면접을 진행한다. 이렇게 사전에 발표 자료를 준비하는 경우에는 15분 정도의 발표 시간이 주어진다.

PT 면접 주제(예시)

PT 면접의 주제를 살펴보자. 전공이나 직무 주제의 경우 기출 예시를 잘 살펴볼 필요가 있다. 하지만 그 외의 경우에는 예시가 중요하진 않다. 그보다는 주어진 자료에 대해 핵심을 파악하고 평가 요소에 맞게 자료를 구성해서 발표하는 것이 관건이다.

"금리 인상이 우리나라 경제에 미치는 장단점과 금년 금리를 예상해보시오."

"OO기업의 브랜드 분석 및 OO기업의 한계에 대해 발표하시오."

"중국 시장에서의 시장점유율 확대 방안을 제시해보시오."

"유럽 내 전기차 배터리 공장 설립/A, B, C국 중 어느 곳이 가장 적합한가?"

"유지보수 인수 담당자로서 10명의 운영사원들을 역할 분담하는 방법과 검수사항 중 중점 체크사항 및 그 해결책을 제시하시오."

"SCM을 이용하고 있는 4개의 사업부가 있다. 이 사업부들을 통합 관리할 것인가, 아니면 개별 관리할 것인가? 각 방법들의 장단점을 논하고,

하나를 선택하라. 그리고 그 이유를 설명하고 보완할 방안을 발표하시오."

"OO기업의 주력 제품은 스마트폰 반도체이고 많은 매출을 차지하고 있습니다. 최근 아시아 국가권에서 저가 스마트폰 반도체 공장이 많이 설립되고 있습니다. 이러한 저가 공장들 때문에 최근에 OO기업 스마트폰 반도체 부문의 성장이 더뎌지고 있습니다. 이러한 상태에서 기존의 스마트폰 반도체 시장에 더 집중해야 할지, 아니면 새로운 분야를 개척해서 수익을 내야 할지 발표하시오."

"지방의 미분양을 해결하기 위해서 본인이 생각하는 전략."

"선시공 후분양제에 대해 논하고 건설업에 미치는 영향과 OO건설의 대응 전략을 밝히시오."

"해외 플랜트 공사가 지연되고 있는데 추가비용을 고려해서 해결 방안을 강구해보시오."

"대체 에너지 개발에 따른 정유 업계의 대응 방안."

"차세대 에너지 사업에 대해 발표하시오."

"재무비율분석의 단점은?"

"EVA, 출자 총액제란?"

"인천공항의 외국인 고객 유치 방안."

"유가 변동에 따른 공항 임대료 조절 방안."

"화석연료의 환경 파괴와 대체 에너지 개발에 대한 방안."

"신재생에너지의 종류 및 설명, 그리고 한국수자원공사에서 발전 가능한 신재생 에너지는?"

"스마트그리드를 전력 활용과 관련하여 설명하시오."

"가뭄으로 인한 대체 수자원 확보 방안은?"

"한국전력공사 송배전 분야에 기여하고 싶은 점과 그것을 준비한 바
는 무엇인가?"

"보일러 효율을 높이는 방안."

"유통구조의 문제점과 개선 방안."

"국립공원관리공단의 홍보의 목적은 무엇이며, 우리 공단을 홍보하기
위한 방안에 관하여 작성하시오."

"대한민국이 가진 세 가지 문제점."

"OO기업의 기존 경쟁력을 바탕으로 중국인들의 입맛을 사로잡을 마
케팅 방안을 세우시오."

"새로운 상품을 기획해서 발표하시오."

"중국, 인도네시아 시장 공략 방안."

"OO기업의 환경경영 전략과 방안."

"OO기업의 인지도 상승 방안."

"환경 측면에서의 석유화학 산업의 대처 방안."

"HR업무를 프로세스별로 분류하고 본인이 하고 싶은 분야와 이유를
설명하시오."

"HR의 과거, 현재, 미래의 역할 변화에 대해 발표하시오."

"OO기업과 관련된 자유 주제로 화이트보드를 활용하여 발표하시오."

"고령화, 저성장기에 취할 수 있는 인사전략에 대해 설명하시오."

"(해외 브랜드 두 개를 도입하는 경우를 상정하고 그에 맞는 조건이 주어진 뒤) 이것을 직수입, 라이센스, 조인트 벤처 중 어떤 방법으로 도입하는 것이 좋겠는가?"

PT 면접 평가 요소

1. 문제·주제·상황 인식
2. 정보 수집 및 활용 능력 + 데이터 분석 능력
3. 체계성 및 논리적 사고
4. 전달력
5. 질의응답 능력
6. 인성 및 태도

우선 주어진 주제에 대해 파악하지 못하거나 문제의 핵심을 파악하지 못하면 점수가 가장 먼저 깎인다. 주어진 주제, 문제, 상황에서 핵심을 이해할 수 있어야 한다. 다음으로 주어진 자료를 활용하는 능력, 혹은 자료의 양이 많을 경우 데이터 분석 능력까지 평가한다. 예를 들어 주어진 자료 중에 어떤 자료를 중점적으로 활용하거나 분석했는지 보는 것이다. 반대로 어떤 자료는 왜 활용하지 않았는지에 대해서도 평가할 수 있다.

체계성은 다른 말로 하면 '목차'다. 주제가 특별한 경우에는 목차가 필요 없는 경우도 있지만 흔치 않다. 가벼운 주제가 나오는 경우, 혹은 직무 자체가 특별한 경우를 제외하고는 통상적으로는 목차를 필요로 한다. 따라서 목차를 잘 설정하는 것이 중요하다. 논리적 사고 역시 목차로 설명한다. 또 목차의 하위 요소에 포함된 내용들과의 논리적 관계를 설정한다. 따라서 목차의 하위 요소가 목차와 논리적 연결을 가져야 하며, 이러한 연결은 주어진 자료로부터 시작해야 한다.

전달력은 PT 역량 그 자체다. 여기에는 기본적인 스킬이 있어야 하는데, 철저하게 상대방 중심으로 필요한 스킬을 활용해야 한다. 발표 후에는 질의응답 시간이 발표 시간보다 길게 이어진다. 발표도 잘해야 하지만 질의응답을 잘하는 것 역시 굉장히 중요한 평가 요소다. 짧은 발표 시간에 상대가 원하는 내용을 충분히 전달하는 게 쉽지 않기 때문에 발표에 최선을 다하되 질의응답 시간에 추가적인 방어를 잘할 수 있어야 한다. 마지막으로 다른 유형의 면접도 마찬가지이지만 발표의 준비, 진행, 마무리까지 모두 인성과 태도를 기본적으로 평가한다.

PT 면접 고득점 전략

PT면접에서 높은 평가를 받기 위해서는 다음의 다섯 단계에 집중해야 한다. 기본에 충실하되 상대방이 높은 평가를 줄 수 있는 포인트에 집중하는 전략이다. 준비, 도입, 전달, 마무리, 질의응답의 단계에서 고득점을 받을 수 있는 전략을 알아보자.

- 준비 단계

전공, 직무 주제가 나오는 유형에서 우선순위는 지원하는 기업의 기출 면접 질문을 파악하는 것이다. 다음은 전공 이론 중에서 비중이 큰 것 중심으로 정리하고 준비하는 것이다. 세 번째 우선순위로 전공과 직무를 연결해서 파악하는 것이 중요하다.

자료가 주어지는 유형에서는 A4 용지를 잘 활용하는 것이 중요하다. 두 장의 A4 용지 중에서 첫 번째 A4 용지에 자료를 빠르게 요약하는 방법을 추천한다. 주어진 자료를 보면 쉽게 이해되지 않아서 또 봐야 하고, 그러면 시간이 많이 소모된다. 따라서 다시 빠르게 찾고 활용할 수 있도록 첫 번째 A4 용지에 자료의 제목, 목차, 핵심 키워드 중심으로 요약하는 방법이 효과적이다. 이때 너무 상세하게 요약하려고 하지 말고 최종 발표 자료를 구성할 때 빠르게 찾을 수 있을 정도로만 정리하면 된다.

준비 단계에서는 시간 배분이 중요하다. 주어진 시간의 마지막 3분에서 5분은 반드시 발표 연습 시간을 확보해야 한다. PT 면접은 발표가 핵심이다. 발표를 잘하는 것이 제일 중요하기 때문에 꼭 발표 연습을 해야 한다. 아직 대단한 방안을 찾아내지 못했더라도 연습은 해야 한다. 오히려 연습하는 과정에서 새로운 방안을 떠올릴 가능성도 있다. 또는 '발표할 때 이 내용도 전달을 해야겠다'와 같은 아이디어를 떠올릴 확률이 높다. 따라서 발표 연습하는 시간을 확보하고 시뮬레이션해야 한다. 이때 전체 발표 시간을 측정하면서 연습한다면 실제 발표에서 시간을 잘 맞출 수 있다. 다음 그림과 같이 세부 내용을 시간으로 나누어보자. 이렇게 해야 시간을 못 맞추는 상황을 막을 수 있다.

1단계 (30초)	자기소개, 주제 소개, 목차 소개 + 포인트 강조
2단계 (1분)	문제 정의, 분석 결과
3단계 (3분)	해결 방안
4단계 (30초)	요약 및 결론 제시

여기에서 중요한 점은 주어진 주제나 문제 혹은 상황을 2단계에서 정리할 때는 간단하게 핵심만 말해야 한다는 것이다. 왜냐하면 상대가 모두 알고 있는 내용이기 때문이다. 당신이 핵심을 파악했다는 점만 전달하면 된다.

준비 단계에서 또 중요한 점은 발표 자료다. 면접관은 발표자보다 발표 자료를 훨씬 많이 보기 때문이다. 발표 자료는 특별한 주제일 경우를 제외하면 보고서 형태로 작성하는 게 좋다. 상대방은 조직에 있는 사람이고, 늘 보고받는 사람이다. 따라서 보고서의 형태로 구성하고 보고하는 느낌으로 발표하는 것이 상대방에게 맞춘 전달 방식이다. 그런데 취준생 입장에서 어려운 점은 보고서를 많이 안 써봤다는 것이다. 이를 보완하고 준비하기 위해서 추천하는 방법은 구글링이다. 구글 이미지 검색에서 '보고서 목차', '경영 전략 보고서 목차', '문제해결 보고서 목차' 등과 같은 키워드로 검색해보자. 기업에서 자주 활용하는 목차를 미리 학습할 수 있을 것이다. 이러한 사전 학습이 실전에서 빠르게 정리한 첫 번째 A4 용지를 보고, 두 번째 A4 용지에 보고서 형식으로 구조화할 수 있는 능력에 필요한 준비다.

목차를 논리적으로 구성한 후에 각 목차의 하위 요소에는 주어진 자료로부터 가져온 근거, 수치 등을 배치한다. 적절한 예시도 포함하면 좋다. 이때 어느 정도의 비주얼라이징Visualizing이 되면 좋은데, 사실 A4 용지와 펜 하나로 할 수 있는 방법이 많지 않다. 대표적으로 밑줄, 네모 표시, 화살표, 표, 그래프를 활용할 수 있다. 특히 표나 그래프로 표현하면 점수를 더 받을 확률이 높다.

- 도입 단계

도입 단계에서는 긴장이 많이 되고 준비한 내용을 실수 없이 잘해야 한다는 압박감이 심하다. 이를 누그러뜨려야 한다. 도입 단계에게서는 반드시 천천히 시작하라. 이것이 핵심이다. 그래야만 자신의 긴장감도 완화시킬 수 있고 면접관에게도 시간을 줄 수 있다. 면접관도 당신과 마찬가지로 워밍업 시간이 필요하다. 같은 주제를 발표하는 사람이 계속 들어온다면 면접관도 힘들다. 그런데 들어오자마자 너무 빠르게 발표를 진행하면 평가하기 곤란하다.

도입 단계에서 반드시 해야 할 세 가지가 있는데 바로 자기소개, 주제 소개, 목차 소개. 이 세 가지는 반드시 해야 하면서도 크게 어렵지 않다. 따라서 이때 천천히 하면 된다. 세 가지 소개를 마쳤다면 바로 본론으로 넘어가지 말고 강조할 포인트를 먼저 언급하는 게 좋다. 예를 들어 중점적으로 분석한 부분이나 전달하고자 하는 전략의 핵심 포인트, 혹은 결론부터 언급하는 것이다. 또는 구성한 목차의 논리를 설명하는 것도 괜찮다. 이렇게 하면 상대방이 내 발표를 더 잘 들어줄 확률이 높다.

- 전달 단계

이제 전달 단계에 필요한 스킬을 살펴보자. 우선 발표 시간을 채워야 한다. 준비 단계에서 언급한 바와 같이 사전에 세부 단계를 나눠서 각각의 시간을 채울 준비를 해야 한다. 목소리의 크기는 150 정도를 전달한다는 느낌으로 하는 게 좋다. PT 면접의 발표는 자신감 있는 목소리로 하는 것을 추천한다. 아이 콘택트는 화상 면접을 보는 경우에는 발표 자료를 보되 강조 포인트에서 카메라를 더 뚜렷이 응시하고, 대면면접을 보는 경우 역시 발표 자료를 보되 면접관을 향할 때는 면접관의 눈을 봐야 한다. 특히 발표 초반에 자신감 있게 아이 콘택트를 잘 유지하고, 이후 필요에 따라 시선을 옮기면 된다. PT 면접에서 시선을 바꾸기 좋은 기회는 목차가 바뀔 때다. 대면 면접에서 면접관이 여러 명이면 목차가 바뀔 때 시선을 다른 사람으로 바꾸면 자연스럽다. 예시를 들거나 추가 설명이 조금 길어지는 경우도 시선을 바꾸기 괜찮은 시점이다.

발표 위치는 발표 자료와 가까워야 한다. 발표자가 발표 자료와 떨어져 있으면 전달력이 떨어질 수밖에 없다. 발표를 잘하는 사람은 발표 자료와 발표자의 움직임 그리고 발표 내용이 일치하는 사람이다.

전달 단계에 필요한 기본 스킬을 살펴봤으니 이제 핵심 발표 스킬 세 가지를 알아보자.

핵심 발표 스킬 1 : 방향성 멘트&제스처

발표 자료를 실수하지 않고 전달하는 수준을 넘어 상대방을 어떻게 따라오게 만들 것인가. 좋은 평가를 받기 위해서는 단순 전달이 아닌 상대방이 따라오도록 만들어야 한다. 이를테면 "면접관님, 다음으로 오른쪽 위의 표를 보시면"이라고 말하는 것이다. 소통하는 느낌을 주면서 상대를 따라오게 만들 수 있다. 제스처는 직접 제스처를 추천한다. 직접 가리키면서 잠깐 유지하는 것을 말하는데 이 정도만 연습해도 충분하다. 자연스러운 제스처까지 하고 싶다면 부연 설명을 하거나 예시를 들 때 자연스럽게 취하면 된다. 제스처는 평가 요소로 있는 것은 아니지만 전달력이라는 평가 요소에 영향을 미친다.

핵심 발표 스킬 2 : 나의 논리를 어떻게 전달할 것인가?

당신이 준비 시간에 구성한 목차에 대한 논리는 당신의 머릿속에 있다. 그러나 당신의 발표를 듣는 상대방에게는 없다. 따라서 당신이 구성한 목차와 목차의 연결 부분을 상대가 고개를 끄덕일 수 있도록 전달하는 것이 중요하다. 체계성과 논리적 사고 평가에서 높은 점수를 받기 위해서 당신이 시도해야 하는 부분이다. 보통 목차를 구성하고 하위 요소를 구성한 후에는 '이 정도면 상대방이 알아듣겠지'라는 생각을 하게 되는데, 상대방 입장에서는 절대 그렇지 않다. 실제 조직에서 수년 동안 함께 업무를 수행한 관계가 아닌 이상 처음 발표하는 자리에서는 단번에 알아듣기 어렵다. 따라서 당신이 먼저 당신의 논리를 전달해야 한다.

핵심 발표 스킬 3 : 정리&강조

면접관은 생각보다 나의 발표를 잘 듣지 않는다. 같은 주제에 대해서 반복적으로 발표를 듣기 때문이다. 이를 극복하기 위해서는 정리와 강조를 잘해야 한다. 정리해주면 그래도 듣는다. 강조하면 조금 더 듣는다. 이를 활용하자. 예를 들어 '정리하면'이라고 말하고 잠깐 멈추는 것이다. 그러면 당신에게 좀 더 집중할 것이다.

강조하는 방법은 '직접 강조'가 효과적이다. '핵심은', '가장 중요한 점은'과 같이 직접 강조하는 표현을 활용해서 전달하는 방법이다. 이때도 잠깐 멈추는 '퍼즈Pause' 스킬을 함께 활용해보자.

- 마무리 단계

마무리를 안 하면 '무언가 그냥 지나간 것 같은데'라는 느낌이 든다. 마무리는 꼭 하길 권한다. "발표를 정리하자면"이라는 멘트를 하고 간략하게 마지막으로 정리하라. 이때는 각 목차를 살짝 언급하며 정리하거나, 다시 한 번 핵심을 요약하며 정리하는 방법으로 마무리하면 된다. 시작할 때와 마무리 할 때 상대방의 집중력이 다른 때보다 높으므로 이 포인트를 잘 활용하자.

- 질의응답 단계

어찌 보면 발표 자체보다 어려운 단계가 질의응답이다. 이때 잘 대응해야 당신이 발표한 내용의 전달 효과가 높아지고 보완해야 하는 부분에 대한 추가 조치가 된다. 질문의 유형은 두 가지다. 하나는 확인하는 질문이다. 이때는 논리로 대응하면 된다. 크게 어렵진 않다. 면접관은 발표자가 발표하는 내용에서 다시 확인하거나 논리를 다시 묻기 위해 질문한다. 두 번째 유형은 공격하는 질문이다. 이때는 '태도+논리+순발력'의 구조로 답하길 추천한다. 공격하는 질문에 대한 새로운 답을 찾으려고 할 확률이 높은데, 당황하지 말고 수용하는 태도로 먼저 대응하고, 다시 논리를 붙여 순발력을 발휘해서 새로운 답을 제시하려고 노력해야 한다. 물론 새로운 답, 대안, 방안 등을 묻고 있지만, 실질적으로 여기에서 보려는 것은 '소통 능력'이다.

"발표 잘 들었습니다. 그렇다면 이러한 상황에서는 어떻게 하시겠어요?"

"네, OO 상황에서는 그런 문제가 있을 수 있습니다. 이 부분은 제가 두 번째 목차로 설명드린 OO으로 1차 대안을 마련하겠습니다. 추가 조치로…"

"OO일 경우에는 적절한 대안이 아닌 거 같은데요?"

"네, 말씀하신 부분이 한편으로는 적절하지 않은 면도 있을 수 있습니다. 이는 OO 때문으로 보이는데요, 이를 보완하기 위해 OO를 추가 검토하고 나아가…"

PT 면접 연습 방법

PT 면접 연습은 1단계로 모의 면접에 참여하는 것을 추천한다. 일단 여러 번 해보고 각 단계를 직접 느껴봐야 한다. 2단계는 같은 주제를 여러 번 하는 것이다. 위에서 추천한 전략과 스킬을 참고해서 같은 주제를 여러 차례 발표해보자. 핵심 스킬만 적절히 활용하려고 노력하면 분명 좋아진다. '내일은 이 부분에서 어떻게 해야겠다'라는 생각을 반복적으로 하기 때문에 당연히 실력이 향상된다. 스마트폰으로 촬영하고 셀프 피드백도 가능하기 때문에 2단계에 집중하길 추천한다. 3단계는 목표 기업에 맞춰 주제를 설정해서 하거나, 스터디 형태로 여러 명과 함께 연습하고 피드백을 나누는 방법이다.

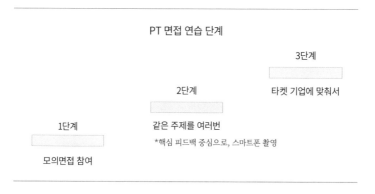

PT 면접 연습 단계

3단계
타켓 기업에 맞춰서

2단계
같은 주제를 여러번
*핵심 피드백 중심으로, 스마트폰 촬영

1단계
모의면접 참여

토론, 토의 면접

토론, 토의 면접은 관찰 면접이다. 면접관이 개입하지 않고 토론 또는 토의하는 모습을 관찰하며 역량을 평가한다. 여기에서 평가하는 역량은 기본적으로는 의사소통 능력이다. 타인과 소통이 원활한지 살펴본다. 다음으로 팀워크, 공헌도, 태도 등을 평가한다. 자신이 타인과 커뮤니케이션할 때의 모습을 잘 모르는 경우가 많은데 객관적으로 보기 위해 모의 토론 면접에 참여하고 촬영을 통해서 관찰해봐야 한다.

평가 요소를 기본으로 다음 세 가지만 잘하면 토론, 토의 면접에 대한 대응은 충분하다.

- 어떻게 끼어들 것인가?

어쨌든 대화에 끼어들어야 하는데 어떻게 끼어들지에 따라 평가가 달라진다. 타인의 대화를 잘 듣고 상대방의 말을 언급하며 끼어드는 것이 좋다. 자신의 팀에 끼어드는 것이 수월하다. 상대 팀의 발언 후에 끼어들 수도 있는데, 상대의 발언을 언급하거나 정리하고 필요한 경우 다시 질문하는 스킬을 활용하면 커뮤니케이션과 소통의 느낌을 잘 살릴 수 있다.

- 어떻게 공헌할 것인가?

토론은 찬성과 반대를 나누거나 A, B, C 안 중에서 선택해서 팀을 이루어 진행된다. 토의는 주제에 대한 해결 방안을 도출하기 위해서 모두가 함께 대화하는 방식이다. 이처럼 차이점은 있지만 공통점은 팀플레이에 집중해야 한다는 점이다. 토론이면 자신의 팀과 팀플레이를, 토의이면 주어진 시간 안에 결론, 대책, 개선안 등을 도출해내는 팀플레이를 보여줘야 한다. 여기에 필요한 것이 공헌도다. 우선 시간 측면에서 공헌도를 나타내야 한다. 6명의 인원이 30분 동안 토론이나 토의를 한다면 한 사람당 5분 정도는 발언해야 한다. 또 자신의 발언이 팀에 도움이 되거나 전체 토의에 도움이 되는 방향으로 영향력을 발휘해야 한다.

주의할 점은 공헌하기 위해서 너무 욕심을 부리지 말아야 한다는 점이다. 특히 초반에는 앞서 나가지 말고 탐색하는 편이 좋다. 분명히 치고 나오는 사람이 있기 때문에, 적절하게 탐색하며 시작하고 적절한 타이밍에 개입하고 공헌하는 것이 현명한 전략이다.

- 어떻게 정리하고 질문할 것인가?

토론에 직접적인 공헌을 하면서 적극적으로 의사소통하는 방법은 정리하고 질문하는 것이다. 예를 들어 "지금 토론이 정체되어 있는 것 같은데요, 우선 정리가 필요할 것 같습니다. 제가 정리해보겠습니다"와 같이 발언하고 간략하게 정리하는 것이다. 이때 점수를 획득할 수 있다. 따라서 제공된 A4 용지와 펜으로 처음부터 자리 배치의 구조로 각자가 말하는 핵심 키워드를 정리해서 적절한 시점에 정리 멘트를 하길 추천한다.

토론과 토의의 고수는 정리와 더불어 질문도 잘 던진다. 그리고 그 질문에 자신부터 답변하며 전체 의사소통에 주도적인 영향력을 미친다. 정리를 하며 동시에 해당 시점이나 전체 방향에 맞는 질문을 하면 면접관이 점수를 부여할 확률이 높다.

토론, 토의 면접의 주제

토론, 토의 면접에서는 주제보다는 의사소통 능력이 훨씬 중요하기 때문에 주제가 크게 중요하진 않다. 물론 시사, 상식 측면에서 기반 지식을 갖추고 있으면 자신의 발언에 근거나 예시를 덧붙이는 데 도움이 된다.

"최저임금 상승에 대한 찬반."

"탈원전 정책에 대한 찬반."

"카풀 택시 허가에 대한 찬반."

"직장에서 자기계발은 반드시 필요한가?"

"가상화폐는 정식 화폐인가 아닌가?"

"심신미약 처벌 감경에 대한 찬반."

"카드사에서 소상공인 카드 수수료 인하 정책에 대한 찬반."

"스마트그리드에 ICT를 접목하는 효율적인 방안."

"신입사원 역량 강화 방안."

"교원평가제에 대해서 어떻게 생각하는가?"

"성범죄자 신상 공개 찬반."

"전·월세 임대소득 찬반."

"가격경쟁력 개선 방안에 대해서 토의하시오."

"(경영 데이터 제시) 경영 실적 향상 방안에 대해 토의하시오."

"(경영 데이터 제시) 전기강판 수요 증가에 따른 생산량 증가 대책을 다음 세가지 중 고르고 토의하시오."

"이중국적을 허용할 것인가?"

"워크 스마트란 무엇인가?"

"신입사원에게 요구되는 능력은?"

"업무 중 실수가 재발되지 않도록 하는 방법은?"

"낮 시간에 치킨 판매 매출을 높이기 위한 전략은?"

"신규 고객에게 새롭게 제공했으면 하는 회사의 서비스는?"

"사람들이 인스타그램에 열광하는 이유는?"

역량 면접

역량 면접은 구조화 면접이라고도 한다. 그 이유는 역량 평가를 위해서 평가 프로세스를 구조화했기 때문이다. 역량을 평가하기 위해서는 경험이라는 재료가 필요한데, 지원자의 경험을 구체적으로 평가하기 위해서 평가의 프로세스가 상세하게 구조화되어 있다. 다시 말하면 지원자가 면접관이 평가하려는 답변의 내용을 말하지 않으면, 구체적인 질문을 통해 평가에 필요한 내용을 이끌어낸다. 따라서 자신의 경험을 충분히 돌아보고 세부적으로 나누어서 발언하는 연습이 필요하다. 특히 육하원칙에 따라서 구체적으로 정리해보는 것이 좋다.

면접관은 해당 경험의 진실성을 확인하기 위해 구체적인 질문을 할 것이고, 무엇what, 어떻게how, 왜why에 집중해서 당신의 역량을 파악하려고 할 것이다.

직접 경험 자체를 물을 수도 있고, 상황과 대안을 제시한 후 선택한 대안의 기준을 말하고 관련된 경험을 이끌어내는 진행 방식도 있다. 어쨌든 자신의 경험에 기반해서 말할 수밖에 없는데, 실제 지원자가 평가하려는 역량이 있는지 끊임없이 검증하려고 한다. 실제로 질문도 리드lead 질문과 여러 개의 프루빙proving 질문으로 구조화되어 있다.

여기에서 중요한 점은 '역량'이다. 'Experience. 경험을 바라보는 역량' 편에서 경험 안에 있는 역량에 대해 살펴보고 강조했는데 다시 한 번 강조하고 싶다. 역량을 평가받으려면 역량에 대해서 제대로 알고 면접에 들어가야 한다. 경험에서 면접관이 보려고 하는 것은 구체적인 질문을 통해 지원자가 해당 역량이 있는지를 보려는 것이다. 그렇기 때문에 지원자의 행동 특성, 태도 특성에서 그러한 역량이 드러나야 한다. 당신의 입장에서는 역량을 보여주기 위해 당신이 무엇을 강조해서 말할 것인지 인지하고 있어야 한다. 역량의 하위 요소를 발언에 포함해서 주도적으로 표현해야 면접관이 "더 구체적으로 말씀해보시겠어요?"라는 말을 더 이상 하지 않을 것이다.

상황 면접

상황 면접은 별도 유형으로 진행되는 경우도 있고, 상황 면접 형식의 질문이 인성 면접이나 직무 면접에서 나올 수도 있다. 내가 경험하지 않은 조직 상황을 제시받고 어떻게 생각하는지 의견을 담아서 답변해야 한다. 즉 직무 상황을 가정하여 조직적합성과 직무적합성, 그리고 미래의 직무수행 능력을 예측 평가하는 것이다.

정답은 없다. 하지만 조직의 개념과 조직생활에서 무엇이 중요한지 이해하고 답변하는 방향을 추천한다. 경영자 입장에서는 개인보다 조직이 우선이고, 일과 사람 중에서는 일이 우선인 사람을 선호한다. 물론 모두 중요하지만 상대 입장에서 생각하고 답변하는 연습이 필요하다.

상황 면접에서 나오는 질문은 보통 일과 관계를 모두 고려해야 하는 형식이 많다. 또 상사나 동료와의 업무 상황에서 행동과 태도를 자주 묻는다. 질문 후에는 꼬리 질문을 통해서 다시 답변의 내용을 검증하고, 이를 통해 조직적합성과 직무적합성을 평가한다.

"상사가 지시한 어떤 업무의 마감일이 갑자기 3일 앞당겨졌습니다. 어떻게 행동하시겠어요?"

"상사가 부당한 업무 지시를 했습니다. 어떻게 하시겠습니까?"

"맡은 프로젝트 진행 중에 해당 분야의 전문가인 팀원이 빠져 프로젝트가 중단될 위기에 처했다면 어떻게 하시겠습니까?"

"담당하는 프로젝트에서 동료의 분석 결과가 프로젝트의 목적과 목표와는 다른 방향입니다. 이때 당신이 해당 분석 결과의 오류를 확인했습니다. 어떻게 하시겠습니까?"

"회사 동료가 어떤 프로젝트를 진행하고 있는데, 중대한 실수를 당신이 수정하였습니다. 동료는 상사로부터 칭찬을 받고 성과급을 받게 되었는데, 동료가 나의 기여를 함구하고 있습니다. 어떻게 하시겠습니까?"

"어떤 갈등 상황입니다. 어떻게 하시겠습니까?"

"계약을 진행할 때 어떤 상황입니다. 직무 담당자로서 어떻게 행동하는 것이 맞다고 생각하십니까?"

"입사하여 사람들 앞에서 우리 팀이 발표를 해야 합니다. 그런데 5분이 남은 상황에서 준비가 하나도 안 되어 있습니다. 그런데 옆 동료 또한 준비가 안 되어 있어서 도와달라는 상황입니다. 어떻게 하시겠습니까? 내 발표를 준비하겠습니까, 동료의 발표를 도와주겠습니까?"

"고객사에서 우리 회사가 제공한 장비 고장으로 관련된 부품을 모두 교체해달라고 요청했습니다. 기술영업 담당자로서 어떻게 조치하고 행동하시겠습니까?"

추천하는 답변의 방향은 질문에서 평가하려고 하는 요소를 모두 언급하고, 그중에서 조직에서 혹은 직무 담당자 입장에서 더 중요한 것을 강조해서 말하는 것이다. 예를 들어 일과 관계가 평가

요소라고 하면 일, 즉 조직에서 제시한 목표가 우선임을 강조하고, 관계적인 부분은 어떤 식으로 보완하겠다고 말하면 좋다. 다른 상황에서도 질문에서 요구하는 평가 요소를 빠르게 파악하여 우선순위를 먼저 언급한 후, 다른 하나는 어떻게 하겠다는 형태의 답변을 추천한다. 상대방에게 조직생활에 적합한, 즉 직무적합성이 높은 형태로 답변의 방향을 가져가 상대의 고개를 끄덕일 수 있도록 만들어야 한다. 당연히 단답식보다는 충분히 생각과 의견을 담아서 답하는 편이 좋다.

영어 면접

공인 어학 성적을 제출했음에도 영어 면접을 보겠다는 것은 해당 언어로 실제 커뮤니케이션이 가능한지 보겠다는 뜻이다. 물론 유창하게 외국어를 구사하면 좋겠지만, 유창함보다는 소통 능력이 훨씬 중요하다. 해외영업이나 외국계 기업에서 채용하는 직무에서 주로 영어 면접을 진행한다. 채용 프로세스에서 앞 단계에 배치되는 경우가 많은데, 전화로 하거나 대면 또는 화상으로 면접을 진행하기도 한다. 또 상대는 해당 회사의 직원일 수도 있지만 임시로 고용된 외국인인 경우가 더 많다.

영어 면접에서 중요한 점은 첫 번째 답변이다. 당신이 첫 답변을 어떻게 하느냐에 따라서 상대방의 반응이나 후속 질문이 달라지기 때문이다. 아마 외국인과 커뮤니케이션을 어느 정도 해본 사람이라면 이러한 맥락을 이해할 것이다. 따라서 당신의 첫 답변에 상대방이 질문할 만한 키워드를 배치하면 좋다. 흥미를 가질 만한 키워드로는 수치, 특별한 경험, 내가 강조하는 차별성 등을 추천한다. 답변에 상대가 흥미를 가질 수 있는 키워드를 배치하고 주도적으로 자신감 있게 대화하길 추천한다.

임원 면접

임원 면접에서 검증하려는 평가 요소는 가치적합성, 조직적합성, 직무적합성이다. 그런데 일반 면접과는 달리 상대방이 경영진이라는 점에 집중해야 한다. 경영진은 실무진보다 거시적인 관점을 갖고 있다. 예를 들어 실무진 면접에서 "우리 회사의 강점을 말씀해보세요"라는 질문을 임원이 한다면 'OO산업에서 우리 회사가 더 경쟁력을 갖기 위해서는 회사는 어떻게 해야 하고 조직구성원은 어떻게 해야 한다고 생각하나요?'라고 이해할 수 있다. 따라서 간단한 질문에도 복잡한 질문에도 거시적, 경영적 관점으로 체계적인 답변을 하길 추천한다.

정리하자면 임원 면접에서는 질문의 유형에 맞게 체계적으로 답변하되 가치적합성, 조직적합성, 직무적합성에 맞게 진정성 있는 답변을 해야 한다. 주의해야 할 점은 '실무진 면접을 잘 통과했으니 비슷한 느낌으로 잘 보면 되겠지'라는 생각이다. 상대방이 경영진이라는 생각을 갖고 답변해야 한다. 특히 다시 한 번 세 가지 적합성을 검증하려고 하기 때문에 소위 말해서 '찔러보는' 질문에 잘 대처해야 한다. 자신을 찌르거나 공격하는 질문에 발끈하거나 상대방을 고려하지 않는 반응은 삼가야 한다.

한편 임원은 해당 회사에서 오랫동안 근무한 사람이 있을 수 있고, 다른 회사에서 근무하다가 해당 회사로 와서 임원으로 일하는 사람도 있다. 또 나이가 많은 임원이 있고 젊은 임원도 있다. 이러한 점도 고려할 부분이다. 물론 당신이 갖춰야 할 기본적인 태도의 방향은 자신감을 기본으로 한 '유연함'인데, 상대의 스타일에 따라 적절하게 조절할 필요가 있다. 특히 해당 업무를 관장하는 임원이 직접 들어오는 경우가 많은데, 이때는 태도에 특별히 집중해서 면접에 임해야 한다. 그렇다고 소극적으로 대응하라는 말이 아니다. 그런 자세는 오히려 자신감이 떨어져 보인다. 이보다는 적극적으로 자신감 있게 표현하되 상대를 고려하는 유연한 태도를 취하자.

"자기소개 해보세요."

"존경하는 인물을 말해보세요."

"현존 인물 중에 존경하는 인물은요?"

"가장 감명 깊게 읽은 책에 대해 지금 이야기해서 감동을 전해주세요."

"우리 회사가 글로벌 경쟁에서 생존하기 위해서 회사, 조직, 개인은 각각 어떻게 해야 할까요?"

"밤새 잠도 못 자고 열정을 다해본 경험이 있는지?"

"자신의 장점은 무엇인가?"

"OO 직무에서 뭐가 가장 필요하다고 생각하는가?"

"최근 IT 기사 중 가장 중요하다고 생각하는 두 가지는?"

"기업의 사회적 책임에 대해 어떻게 생각하나요?"

"힘들었을 때를 이겨내고 그것을 통해 배운 점은?"

지금까지 면접에 필요한 역량을 면접의 유형별로 나누어 살펴봤다. 당신이 목표로 하는 기업에서 요구하는 면접 유형에 맞게 체계적이고 구체적으로 준비하길 바란다. 사실 구체적으로 준비하다 보면 면접에 대한 두려움이나 압박감이 심하다. 여기에 필요한 마음가짐은 면접을 준비하는 단계에서는 체계적이고 구체적으로 준비하되 면접이 바로 눈앞이면 '그래, 실전 면접이네. 이제 이것만 잘하면 돼. 준비한 만큼 보여주자'라는 심플한 마인드를 갖추는 게 좋다.

면접 질문 예시

[기본 질문]

- 1분 자기소개
- 지원동기
- 입사 후 포부
- 마지막으로 하고 싶은 말

[회사 질문 : 가치적합성 평가]

- 지원동기
- 우리 회사의 비전에 대해 알고 있나요? 말씀해보세요.
- 우리 회사의 인재상 중에서 본인은 어떤 인재상에 가장 근접하

다고 할 수 있나요?

- 우리 회사의 강점과 약점을 말씀해보세요.
- 현재 우리 회사의 가장 크고 중요한 이슈는 무엇이라고 생각하나요?
- OO산업을 선택한 이유가 있나요?
- OO산업에서 우리 회사가 더 경쟁력을 갖기 위해서 회사는 어떻게 해야 하고 조직구성원은 어떻게 해야 한다고 생각하나요?
- 가장 최근에 본 우리 회사의 기사는 무엇이었나요?
- 우리 회사의 경쟁사는 어디라고 생각하나요?
- 기업의 사회적 책임에 대해서 어떻게 생각하나요?
- 입사 후에 어떻게 성장하고 싶으세요?
- 사기업이 아닌 공공기관에 입사하려는 이유는 무엇인가요?
- 우리 기관에 대해서 아는 대로 말씀해보세요.

[인성 질문 : 조직적합성 평가]
- 가장 자신 있는 것은 무엇인가요?
- 본인 성격의 장점·단점은 무엇인가요?
- 존경하는 인물을 역사 속 인물과 현존 인물 모두 말씀해보세요.
- 정말 열정적으로, 잠도 못 자면서 열정을 다해본 경험이 있나요?
- 가장 끈질기게 끈기를 발휘해서 노력한 경험이 있나요?

- 살아오면서 가장 힘들었던 경험 말씀해보세요.
- 직장생활에서 무엇이 가장 중요하다고 생각하나요?
- 주변에 친구들이 지원자에 대해서 말할 때 어떤 이야기를 많이 듣는가요?
- 스트레스를 받으면 어떤 모습이 나타나고, 스트레스를 어떻게 관리하는지 말씀해보세요.
- 상사나 동료와의 갈등을 어떻게 극복할 것인가요?
- 다른 부서로 배치받으면 어떻게 하실 건가요?
- 지방 근무에 대해서 어떻게 생각하나요?
- (조직 상황 제시 후) 어떻게 하시겠어요?
- (자기소개서에 있는·특정 경험에 대한) How&Why?
- 학습 능력이 뛰어난 편인가요?
- 멀티태스킹 잘하나요?
- 매뉴얼대로 일하는 것을 선호하는가, 융통성 있게 일하는 것을 선호하는가?
- 상사가 어려운 업무를 지시했습니다. 어떻게 하시겠습니까?
- 상사가 부당한 업무 지시를 한다면?
- 경쟁에서 져본 적이 있나요? 그때 배운 점이 있다면?
- 가장 최근에 읽은 책이 있나요?
- 직무에 적응하려고 노력했는데 안 맞는다는 생각이 들면?
- 자신의 이력 중에서 가장 자신 있는 것과 가장 자신 없는 것을

말씀해보세요.
- 주 52시간 제도에 대해 어떻게 생각하나요?
- 회사 내에서 어떤 사람이 되고 싶은가요?
- 입사 후 회사에 바라는 점을 말해본다면?
- 인턴 경험 또는 현장실습 관련 질문

[직무 질문 : 직무적합성 평가]
- 직무 지원 동기 말씀해보세요. 왜 본인이 적합하다고 생각하나요?
- 지원한 직무에 대해 아는 대로 말씀해보세요.
- 지원 직무가 자신의 성격과 어떻게 맞을 것 같은가?
- 본인 직무의 비전을 말씀해보세요.
- 지원한 직무를 위해서 전공 측면에서 어떤 노력을 했는지?
- OO직무를 수행하기 위해 필요한 역량과 해당 역량을 키우기 위해 노력한 과정 말씀해보세요.
- 해당 직무 담당자에게 가장 중요한 자세는 무엇이라고 생각하나요?
- 지원한 직무에서 어떤 점이 가장 어려울 것 같나요?
- 지원한 분야에서 자신의 부족한 점은 무엇이라고 생각하세요?
- OO직무에서 구체적으로 어떤 업무를 맡고 싶으신가요?
- OO직무의 핵심은 무엇이라고 생각하나요?

- OO직무에 대한 전문 지식·실무 상황 질문.
- R&D가 아니고 왜 양산기술인가요?
- OO직무에서 다루는 설비나 장비에 대해 말씀해보세요."

Network
네트워크 역량

취준생에게 필요한 역량 중 네트워크 역량은 무엇과 연결되어 있을까? 취업 준비와 합격에 필요한 정보를 확보하는 측면에서도 중요하지만 더 중요한 큰 그림은 타인과 대화하는 역량을 향상하는 것이다.

취업 준비를 하면서 만나는 모든 사람은 타인이다. 취준생이 결국 진입할 곳은 사회, 기업, 조직인데, 그곳에서 요구하는 기본 바탕은 타인과 함께 일하는 능력이다. 따라서 늘 만나던 사람만 만나는 것이 아닌 새로운 사람을 의도적으로 만나보기도 하고, 그들과 커뮤니케이션 하는 과정에서 자신의 역량을 점검하는 과정도 필요하다. 앞서 'Experience. 경험을 바라보는 역량' 편에서 알아본 것처럼 이질집단에서 다양한 경험을 하는 것이 조직생활에 필요한 역량을 향상시키는 데 큰 도움이 된다.

타인을 만나는 경험을 확대하고, 이 과정에서 필요한 네트워크를 스스로 마련하는 것이 바로 네트워크 역량이다. 또한 네트워크에서 취업에 필요한 정보를 수집하고 활용할 수 있도록 과정을 의미 있게 만드는 능력 또한 네트워크 역량이라고 할 수 있다. 미래에 필요한 것이 무엇일지 고민을 많이 할수록 지금 무엇이 중요한지 알 수 있다. 당신에게 필요한 네트워크를 생각해보고, 네트워크를 통해 얻어야 할 것들을 고민해보자.

타인을 만나는 다양한 경험 가운데 취업 준비 과정에서 직접적으로 필요한 대표적인 네트워크를 추천한다. 첫 번째는 직업이나 직무 인터뷰를 시도하여 네트워크 역량을 향상시키는 것이다. 자신이 원하는 직업이나 직무를 경험했거나, 현재 현직에 있는 사람을 만나는 네트워크는 다른 무엇보다 큰 도움이 된다. 다양한 면에 자극을 받고 살아 있는 정보도 얻을 수 있다. 인터뷰하는 과정에서 소통 역량까지 키울 수 있다.

다음으로 취업 준비 과정에서 많이 하는 취업 동아리나 스터디에 참가하여 네트워크 역량을 향상시킬 수 있다. 그런데 주변에서 다 하니까 나도 한다는 식으로 생각하고 참여하는 것은 못내 아쉽다. 어차피 소중한 시간을 투자해서 참여하는 것일 텐데 효과가 적은 시간 투자는 아깝다. 전문가가 없는 동아리나 스터디의 경우에는 이런 고민을 더 많이 할 수밖에 없다. 어떤 방법으로 참여해야 효과적일지 살펴보자.

직업, 직무 인터뷰 방법

전직자나 현직자를 만날 수 있는 기회를 스스로 만드는 방법이 바로 인터뷰다. 학교에서 제공하는 기회나 지자체나 기타 기관에서 제공하는 기회를 찾아보자. 또는 자신의 학과 선배나 지인을 통해 연결 가능한 사람을 직접 찾아보고 인터뷰하는 것도 좋다. 이메일로 인터뷰하거나 직접 만나 인터뷰를 할 수 있는데, 이 과정에서 중요한 것은 질문을 잘 준비하는 것이다.

사실 질문을 제대로 못하면 충분한 정보를 얻기 어렵다. 대부분의 직장인은 현재 자신의 일이 가장 힘들다고 생각하거나, 다른 회사는 다녀보지 않았기 때문에 부정적인 의견이나 단편적인 정보를 제공할 가능성도 있다. 그런 가능성을 줄이고 내가 원하는 방향으로 유익한 인터뷰를 할 확률을 높이기 위해서는 제대로 된 질문을 미리 준비해야 한다. 구체적으로 질문해야 구체적인 답변이 돌아오는 것이다.

입사 시 스펙 관련된 정보는 취업 포털사이트를 통해서도 쉽게 파악할 수 있으므로 그런 질문보다는 다른 질문을 던져야 한다. 일과가 어떻게 되는지, 주요 업무를 다섯 가지 정도로 정리하면 어떻게 되는지, 직무 수행을 잘하기 위해서 구체적으로 필요한 역량이 무엇인지 등 효과적인 질문을 미리 준비하는 게 좋다.

직무 인터뷰 시 유용한 질문

1. 보통 출근해서 하루 일과가 어떻게 되나요?
2. 주요 업무를 다섯 가지 정도로 정리해서 말씀해 주신다면요?
3. 일하면서 보람을 느낄 때는 언제이고 언제가 가장 힘든가요?
4. 직무 수행을 하기 위해서 필요한 역량은 무엇인가요?
5. 해당 직무에서 반복적으로 가장 많이 하는 일은 무엇인가요?
6. 해당 직무를 준비하는 과정에서 미리 해보면 좋은 경험은 무엇인가요?
7. 해당 직무에는 어떤 지식, 기술, 태도가 필요한가요?
8. 어떤 직무 담당자와 일을 많이 하나요?
9. 외부 이해관계자는 어떤 사람들이 있나요?
10. 해당 직무를 하면 조직에서 앞으로 어떻게 성장하나요?

취업 동아리·스터디 운영 및 참여 방법

취업 동아리나 스터디를 통해 취업 준비를 할 때 역시 많은 정보를 공유하게 된다. 정보의 양과 질만 관심을 가질 것이 아니라 여기에서도 먼저 목적을 생각해봐야 한다. 막연한 '합격'이라는 목적 말고 어떻게 활용할지를 생각하라. 결국 취업 동아리를 통해서 얻어 낼 것 역시 '의견'이다.

동아리 운영 시 그라운드 룰Ground rules을 마련해 반드시 모두가 의견을 공유하도록 하는 방법을 추천한다. 의견을 교환하고 표현하는 연습이 되고, 또 이 과정에서 집단지성을 통해 서로의 의견을 참고하거나 좋은 자극을 주고받을 수 있다. 이때 공유하는 내용도 노트에 적어야 한다. 그리고 다시 여러 번 보면서 정리하고, 또 다시 새로운 생각이나 의견이 들어온다면 빨간색 펜으로 기록해보자. 본격적인 채용 프로세스에 다가갈수록 보물과 같이 활용할 수 있을 것이다.

혹시 아직 노트를 마련하지 않았다면 오늘 새 노트를 구입해서 '취업 노트'라고 제목을 쓰고 그 밑에 자신의 이름을 적어보자. 나의 미래를 위한 노트에 제목과 이름을 적어서 책임감을 가질 필요가 있다. 매일 들고 다니면서 언제든 정보를 수집하고 떠오르는 의견을 기록하자.

또 취업 동아리나 스터디 초기에 모임의 주기와 일정을 함께 정할 때 큰 주제로 정하는 게 좋다. 막연하게 '계속 같이하면 좋겠지'라고 생각하지 말고, 처음부터 함께 큰 주제도 잡고 큰 흐름을 보면서 가야 참여도가 높아진다. 같이 만들어낼 수 있는 것들도 늘어난다. 이런 게 바로 팀워크다. 팀워크는 갑자기 좋아지지 않는다. 처음부터 마음과 의견이 맞는 사람들을 만나는 건 운이 좋은 것일 뿐, 그보다는 내가 행동을 해야 달라지는 것들이 훨씬 많다. 따라서 내가 우리 그룹을 위해서 어떤 제안을 하고 어떤 행동을 할지 생각해봐야 한다.

큰 주제는 채용 프로세스 측면에서 무엇이 중요한지를 이 책의 목차를 보며 정하기를 추천한다. 동아리나 스터디에 참여하며 가장 고민되는 부분인데, 이 책을 가이드로 참고해서 큰 주제를 정하고 필요한 방법도 참고하라. 가장 중요한 것은 이미 강조한 바와 같이 모임을 시작하고 마칠 때 모두 의견을 공유하는 것이다.

취업 동아리 운영 시 추천 주제

1. 오리엔테이션: 자기소개, 그라운드 룰, 산업, 기업, 직무 우선순위 그리기
   - 과제: 산업, 기업, 직무 Matrix 작성

2. 산업, 기업, 직무 Matrix 공유, 산업, 기업, 직무 분석 방법 공유
   - 과제: 1순위 산업, 기업, 직무 분석

3. 산업, 기업, 직무 분석 결과 공유 및 토의
   - 과제: 분석 결과 공유 이후 추가적으로 논의할 의견 준비 (다음 모임에서 공유)

4. 자기소개서 작성법 공유 및 토의, 경험 Matrix 작성하기
   - 과제: 1순위 기업 자기소개서 작성

5. 자기소개서 상호 피드백 및 작성법 관련 토의 (1)
   - 과제: 1순위 기업 자기소개서 수정, 2순위 기업 자기소개서 작성

6. 자기소개서 상호 피드백 및 작성법 관련 토의 (2)
   - 과제: 2순위 기업 자기소개서 수정, 3순위 기업 자기소개서 작성

7. 자기소개서 상호 피드백 및 작성법 관련 토의 (3)
   - 과제: 3순위 자기소개서 기업 자기소개서 수정, 목표 기업 면접 유형, 진행 방식, 기출 질문 조사

8. 목표 기업 면접 유형과 진행 방식 공유, 기출 질문 공유
   - 과제: 모의 면접 준비

9. 유형별 모의 면접 및 상호 피드백 (1)
   - 과제: 피드백 내용을 바탕으로 셀프 트레이닝, 모의 면접 준비

10. 유형별 모의 면접 및 상호 피드백 (2)
    - 과제: 피드백 내용을 바탕으로 셀프 트레이닝, 모의 면접 준비

11. 유형별 모의 면접 및 상호 피드백 (3)
    - 과제: 피드백 내용을 바탕으로 셀프 트레이닝, 모의 면접 준비

Check

점검 역량

취업 준비, 잘하고 있는 걸까?

취업 준비를 하다가 때로는 '내가 잘하고 있는 걸까?'라는 의문이 들기도 한다. 멘탈 관리가 필요하다면 멘탈 상태를 점검할 필요가 있다. 휴식이 필요하다면 시간을 갖고 충분히 휴식을 취해야 한다. 빡빡한 계획과 일정이 이어져 피로할 때는 하루쯤 스케줄을 비우고 아무것도 하지 않거나, 자신이 원하는 것으로 채우는 하루를 보내는 방법도 좋다. 목표를 갖고 자신에게 동기부여하며 앞으로 나아가는 것은 좋지만, 너무 강하게 밀어붙이며 자신을 지치게 하는 건 좋지 않다.

한편 몸과 마음의 점검이 아닌, 취업 준비에 대한 체계적인 점검이 필요할 때도 있다. 점검을 제대로 해야 개선이 필요한 부분을 찾아내 수정하고 시간을 효율적으로 활용할 수 있다. 여기에 필요한 역량이 바로 점검 역량이다. 몸과 마음을 살펴보는 역량과 취업 준비에 대한 체계적인 점검 둘 다 점검 역량에 포함된다.

준비 과정 점검 방법과 점검 포인트

체계적인 점검은 'Organization. 취업 준비 전략 수립 및 계획 역량' 부분에서 작성한 '기본 관리 테이블'을 활용하면 쉽고 간단하다.

전공	자소서		영어	면접
1.목표 2.하고 있는 일 3.해야 할 일				
산업 및 기업 분석		직무 분석		스터디

Check 점검 역량 241

취업 준비 전략과 계획을 수립하는 단계에서 '기본 관리 테이블'을 만들고 이를 실행해왔는데, 점검이 필요한 시점에 이를 다시 확인해 보는 것이다. 전에 했던 대로 각 영역의 목표를 점검하고, 목표를 위해 지금 하고 있는 일과 앞으로 더 해야 하는 일을 새롭게 기록하면 된다. 이 과정에서 빼야 할 부분은 빼고 더해야 할 부분은 더해보자.

만약 각 영역과 목표 그리고 지금 하고 있는 일들이 뒤죽박죽 정리가 안 되는 경우라면 다시 빈 종이를 꺼내자. 새로운 A4 용지에 다시 해보는 것이다. 취업 준비 영역을 다시 나누고 목표, 지금 하고 있는 일, 앞으로 더 해야 할 일을 새롭게 써보자. 우리는 때때로 다시 정리만 잘해도 좋은 에너지를 스스로 만들어낼 수 있다. 머릿속으로만 생각하지 말고 가시적으로 정리해야 다음 생각을 할 수 있고 다음 단계로 나아갈 수 있다.

'기본 관리 테이블'이 잘 관리되고 있다면 포스트잇을 활용해서 간단하게 점검하는 방법도 있다. 포스트잇 네 장을 준비하고 동서남북으로 하나씩 붙인다. 각 포스트잇에는 다음 그림과 같이 지금 하고 있는 일 중에 빼야 할 것Out, 새롭게 추가해야 할 것In, 지금도 하고 있지만 더 늘려야 할 것Up, 줄여야 할 것Down을 쓴다. 이 또한 생각을 가시적으로 정리해서 점검하는 방법으로 유용하다.

중간 점검을 위한 포스트잇 활용법

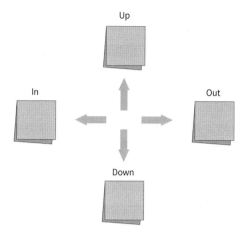

Your execution
실행 역량

매너리즘이 찾아온다면?

한번은 여행을 하다가 매너리즘에 빠진 적이 있다. 어렵게 마련한 큰돈으로 유럽 여행을 갔는데, 처음에는 좋다가 몇몇 나라와 도시를 여행했더니 엇비슷한 느낌이었다. 그러다가 한 도시의 전망대 앞에 섰다. 입장료를 내고 올라가서 도시의 풍경을 감상해야 하는데, 머릿속에서 '지난 도시에서도 전망대에 올라가서 비슷한 풍경을 봤는데 왜 또 봐?'라는 생각이 들었다.

여행을 준비하는 과정과 여행 초기에 설정한 초심을 떠올리니 그렇게 생각한 내 자신이 부끄러웠다. 매너리즘이었는데 이를 어찌할지 고민에 빠졌다. 일단 전망대로 올라가서 가만히 있었다. 그랬더니 조금은 다른 풍경이 보였다. 그제야 다른 생각이 들어왔다. 부정적인 생각 때문에 매너리즘과 마주하게 된다면 가끔은 가만히 있어 보는 것도 좋다. 가만히 있으면 여유가 생기고 미처 보지 못했던 소중한 것들을 보게 된다. 해야 할 것들만 가득 차 있는 상황에서, 혹은 그런 해야 할 것들을 반복하는 상황에서는 여유가 없다. 그때 부정적인 생각이 들어오기 마련이다. 때로는 가만히 그냥 있기만 해도 된다.

전망대에서 가만히 시간을 보내고 관점을 전환했더니 다른 풍경이 보였다. 바로 사람이 보였다. 사실 그전에는 도시의 새로운 풍경만 보고 사진에 담기 바빴는데, 여유를 갖고 보니 사람이 보였고 사람들이 대화하고 행복한 시간을 만들어내는 아름다운 모습이 보였다. 이처럼 사람을 보는 것도 좋은 방법이라는 생각을 하게되었다. 매너리즘이 왔을 때 주변의 소중한 사람을 떠올려보라. 부모님도 좋고 친구도 좋다. 혹은 나를 끊임없이, 아무 조건 없이 믿어주고 응원해주는 사람을 떠올려보자. 어느 순간 새로운 힘을 낼수 있을 것이다.

마지막으로 추천하는 방법은 지금 목표를 위해 하고 있는 방법을 조금 비틀어보는 것이다. 아예 방향을 바꾸는 건 아니고 지금의 방법을 조금 변형하거나 자신에게 맞는 방식으로 변화를 조금주라는 말이다. 반복적으로 수행하는 과정에서 자신에게 더 적합한 방법을 떠올리거나 찾아낼 수 있다. 약간의 변화가 반복의 과정에서 오는 매너리즘 극복에 큰 도움이 될 수 있다.

어떤 일을 하든 무엇을 하든 매너리즘은 올 수 있다. 사람이 반복적으로 같은 일을 하는데 왜 지겹지 않겠는가. 학생일 때도, 직장인일 때도 마찬가지다. 취준생이 사회로 나가더라도 마찬가지로 매너리즘이 올 수 있다. 그럴 때는 잠시 멈춰 가만히 있어 보고, 소중한 주변 사람들을 바라보고, 때때로 지금 하고 있는 방법을 살짝 바꿔보기도 하는 것이 낫다.

실행력을 높이는 방법

    실행력은 어디에서 올까? 습관으로 정착된 루틴이라면 실행력은 쉽게 따라온다. 그러나 준비되어 있지 않으면 실행력은 갑자기 생기지 않는다. 실행력은 작은 움직임에서 온다. 작은 움직임은 실행을 위한 전 단계. 사람은 갑자기 큰 실행력을 발휘하기 어렵다. 전두엽의 작용으로 긴급한 상황에서는 큰 실행력이 발생하지만, 긴급하다고 느끼는 상황이 아니라면 실행력이 아니라 자기합리화가 먼저 오거나 아무 생각하지 않고 가만히 있는 걸 좋아한다.

    작은 움직임이 있어야 다음 행동으로 이어질 확률이 높다. 따라서 실행력을 높이기 위해서는 작은 움직임을 계획하는 방법이 효과적이다. 작은 움직임이라는 것은 취업 준비하는 과정에서 매

일을 계획하는 것을 말한다. '기본 관리 테이블'을 보고 일과를 세세하게 계획하는 것이 작은 움직임이다. 이러한 작은 움직임을 계획하지 않으면 실행력을 떨어뜨리는 유혹이 크게 다가온다. '기본 관리 테이블'이 기본이라면, 이를 일과와 연결하는 작업이 실행력을 발생시키는 시작이다. 크게 보면 한 달, 일주일 단위로 큰 목표를 설정하고, 이를 달성하기 위해 매일 확보해야 하는 시간을 계획하는 것이 바로 이런 과정이다.

스마트폰을 활용해도 좋고 다이어리를 써도 좋다. 그런데 추천하는 방법은 다이어리나 플래너. 스마트폰은 보는 공간의 범위가 넓지 않아서 계획하는 과정에서 생각이나 사고의 확장성이 낮다. 스마트폰은 중요한 모임이나 일정의 알람용으로 활용하고, 가능하면 직접 쓰는 노트 형태의 다이어리나 플래너를 추천한다.

취준생이 자주 묻는 질문에 대한
유재천 코치의 따뜻한 코칭

Q 1. 직업을 선택할 때 고려해야 할 것들은 어떤 것들이 있나요?

첫 직업은 중요합니다. 그 직업을 계속할 수도 있고, 여러 가지 직업을 가질 수도 있는데, 거기에 영향을 많이 미치는 것이 바로 첫 직업입니다. 또한 첫 직업을 선택하는 시점은 기회가 많은 시점이기도 합니다. 따라서 첫 직업 선택의 시점과 그 준비 과정에서는 이 질문이 매우 중요합니다. 직업을 선택할 때 고려해야 할 것들을 묻는 것이죠. 자신과 관련된 부분과 사회가 요구하는 부분을 고려해야 하는데요, 여기에는 세부 요소가 많습니다. 각 세부 요소를 고려해보며 섣불리 판단하지 말고 직접 적어가며 선택의 과정 자체를 배워간다고 생각하면 좋습니다. 한 번에 딱 선택할 수 있으면 좋겠지만 쉽지 않습니다. 자연스러운 과정입니다. 자신보다 경험이 많은 사람들을 만나거나 내가 희망하는 직업을 가진 사람을 만나 보며 세부 요소를 차근차근 고민해보면 좋습니다.

다음 그림은 제가 직업을 선택하고, 직업을 바꾸는 과정을 거치고, 직업과 관련된 교육을 하며 고민했던 내용을 정리한 것입니다. 참고해서 직업을 선택할 때 고려할 요소를 고민해보세요.

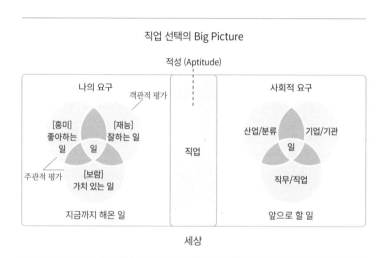

직업 선택의 Big Picture

Q 2. 전공을 꼭 살려야 하나요?

전공에 대해서 제대로 알아보고 선택하는 게 우선입니다. 하지만 그렇지 못했다면 현실을 봐야 하는데요, 여기에 작용하는 것이 학년입니다. 만약 전공에 대해서 다시 한 번 제대로 알아볼 기회가 있고, 전공을 바꿀 수 있는 기회가 있는 학년이라면 기회를 활용해보세요. 여기에서 중요한 것은 다시 한 번 알아볼 때 대충 알아보면 안 된다는 점입니다. 한편 이미 전공에 대해 상당히 진행된 학년이라면 아래 순서도를 통해서 생각을 정리해보면 어떨까 합니다. 학년이 높아질수록 사회로 나갈 시간이 임박했다는 것이고, 선택과 집중이 중요합니다. 전공을 살리지 않고 특별한 재능을 통해서 직업을 가질 수 있다면 좋겠지만 그런 사람은 많지 않습니다. 지금 상황에서 무엇이 최선일지 생각 정리를 하고 남은 시간에 집중할 부분을 선별해봅시다.

선택과 집중을 위한 생각 정리

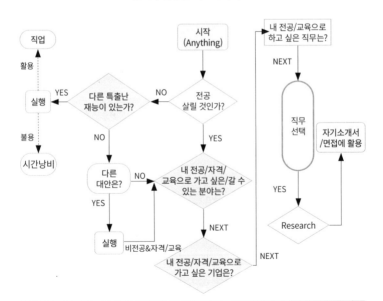

살다 보면 내가 지금 잘 살고 있는지 또 무엇을 해야 할지 모를 때가 있습니다. 지금 눈앞에 있는 일조차 해야 하는 이유나 목적을 찾을 수 없을 때도 있습니다. 개인적으로 힘든 일이 있거나 집안에 힘든 일이 있을 때, 혹은 큰 사건이 없었는데도 그냥 인생이 무상하게 느껴질 때도 있죠. 정말 힘들 때는 시간을 좀 가질 필요가 있습니다. 이 시간에는 아무것도 안 해도 좋고 그냥 마음이 따르는 대로 하세요. 물론 부정적인 생각이 계속 드는데 스스로 견뎌내기 힘들다면 주변에 도움을 요청해보세요. 주변에 좋은 사람들이 있다면 내가 생각하는 것보다 훨씬 더 도움을 주려고 할 겁니다. 힘들어서 스스로 시간을 가지려고 할 때 중요한 점은 언제까지 시간을 가질지 정해야 한다는 겁니다. 마지노선을 정해 그때까지는 충분히 쉬고 혼자 생각도 많이 해보자고 자신에게 말해야 합니다. 그렇지 않으면 지금도 막연한데 더 막연해집니다.

이 책에서도 자주 언급했지만 무엇을 해야 할지 모를 때 다시 한 번 추천하는 것이 기록입니다. 노트 한 권을 마련하고 여기에 기록하세요. 떠오르는 생각을 기록하고 그중에서 자신과 관련된 것들이 있으면 우선 그것에 집중하세요. 연결해서 찾아볼 것들을 조사해서 같이 기록하고 또 읽어보세요. 자신에 대해서 기록하고 관련된 것들을 찾아보고 다시 읽어보는 가운데, 또다시 새로운 생각이 들어오며 생각을 정리할 수 있습니다. 주저하지 말고 섣불리 판단하지 말고 일단 적어보세요.

저는 20대는 30대를 준비하는 기간이라고 생각합니다. 어떻게 생각하나요? 물론 20대에도 어렵고 힘든 일이 많지만 30대를 준비하는 연습이자 훈련이라고 생각해보면 어떨까 합니다. 무엇을 해야 할지 모른다는 고민이 있는 건 30대를 준비하기 위한 자연스러운 과정입니다. 지금까지도 잘해왔고 지금도 충분히 괜찮아요. 절대로 자기 자신을 포기하지 마세요. 아직 멋진 20대가 지금 눈앞에 있고 더 멋진 30대가 펼쳐질 거예요. 지금 당신이 어떻게 생각하느냐에 따라 현재와 미래는 달라집니다.

Q 4. 서류 통과되는 곳이 없습니다. 어떻게 해야 하나요?

채용공고에서 안내한 기본적인 스펙을 준비했는데 서류 탈락이 이어진다면 자기소개서를 다시 봐야 합니다. 가혹하게 들릴지 모르지만 자기소개서를 못 썼을 확률이 높습니다. 물론 정답은 없지만 내가 쓴 자기소개서를 다시 한 번 냉철하게 평가자 입장에서 봐야 합니다. 자기소개서를 쓰기 위해서 나름대로 노력했지만 제대로 했는지, 또 제대로 썼는지 점검해야 합니다. 탈락했다면 반드시 원인이 있습니다. 나도 잘했지만 다른 지원자들이 더 잘해서 떨어지는 경우도 있습니다. 그러나 이보다는 내가 과연 잘했는지 집중해 분석해볼 때 다시 기회가 열립니다. 자기소개서 작성을 위해 노력한 과정을 정리해보고, 다시 제대로 준비한다면 무엇을 해야 할지 점검해서 실행하세요. 자기소개서는 한 번에 좋아지지 않습니다. 받을 수 있는 도움을 받고, 나아가 스스로 보는 눈을 키우고 쓰는 실력을 키워야 합니다. 채용공고가 이미 올라온 후 자기소개서를 급하게 작성하지 말고 미리 합격 수준의 자기소개서를 준비해야 하고, 급히 자기소개서를 작성해야만 할 때에도 짧은 기간에 잘 작성할 수 있는 역량을 키워야 합니다. 자기소개서는 정말 중요합니다. 다음 단계 진입을 위한 중요한 시작 단계입니다. 다시 한 번 제대로 준비해봅시다.

Q 5. 자격증은 무엇을 준비해야 하나요?

자격증에 대한 기준은 채용공고입니다. 채용공고에 나오는 자격증을 기준으로 준비하면 됩니다. 공공기관의 경우 가산점까지 명확하게 나와 있지만 사기업은 '우대'라는 표현을 합니다. 이런 경우 채용공고를 게시한 인사 담당자에게 직접 문의하는 방법이 가장 명확합니다. 이때 주의할 점은 채용과 관련된 내용 외에는 문의하지 말아야 합니다. 물론 사기업의 경우 우대라는 말은 '관련된 자격증을 가능한 한 많이 갖고 있으면 좋게 보겠습니다'라는 의미입니다. 그렇다고 무작정 자격증을 많이 취득할 필요는 없고, 또 현실적으로 가능할지도 고민해야 합니다. 통상적으로는 국가 공인 자격증이 우선이고, 민간자격증은 관련된 노력으로 인정받습니다. 채용공고를 중심으로 확인해야 할 부분을 확인하고 남은 기간을 고려해서 도전하길 추천합니다.

Q 6. 어학 스펙은 무엇을 준비하는 게 좋나요?

어학 기준 역시 채용공고가 가장 명확한 기준입니다. 채용공고에 명시된 어학을 준비하고, 같은 언어를 두 가지 공인 시험으로 준비하는 것이 가산점이 있는지 없는지도 확인해야 합니다. 서로 다른 언어일 경우에 직무에 따라서 가산점이 있는 경우가 있는데 같은 언어에 대해서는 보통 그렇지 않습니다. 만약 당신이 영어 점수가 필요하다고 할 때, 기존에 토익 공부를 계속 해왔고 지원하는 기업이 토익 시험도 공인 성적으로 인정한다면 저는 당신이 토익 공부를 지속하는 것에 찬성합니다. 하지만 기존에 토익 공부를 해본 적이 없고 이제 어학 성적을 취득해야 한다면 굳이 토익이 정답은 아니라는 거죠. 토익 스피킹이나 오픽 등의 시험을 봐도 됩니다. 어학 스펙에서 가장 중요한 점은 이러한 기준을 통해서 준비해야 할 시험의 종류를 확인하는 것입니다. 또한 여러 종류의 공인 시험 중에서 자신에게 잘 맞는 시험을 준비하는 것도 중요합니다.

Q 7. 휴학을 하고 싶은데 해도 되나요?

대학생활은 사회로 나가기 위한 준비 과정이므로 다양한 역량이 필요합니다. 취업준비생에게 필요한 역량 외에도 사회생활에 필요한 다양한 역량을 키워야 합니다. 이러한 역량 향상을 위해서는 다양한 경험도 필요하고 시간도 확보해야 합니다. 학기 중에 시간이 부족하다면 방학을 활용하거나 필요할 경우 휴학을 해서 역량을 향상시키길 추천합니다. 개인적인 의견으로 저는 휴학을 찬성하는 편입니다. 앞서 언급한 사회생활에 필요한 다양한 역량을 준비하기 위한 목적입니다. 또 새롭고 다양한 경험을 통해서 자신을 알아갈 수 있는 기회이기도 하죠.

휴학을 할 생각이 있다면 가장 먼저 중요하게 생각하고 정리해야 할 부분이 바로 휴학의 목적입니다. 목적이 명확하지 않다면 시간을 허투루 쓰고 복학하는 경우가 많습니다. 목적을 기준으로 목표와 계획을 명확하게 세워야 합니다. 1년을 계획했다면 1년의 목표와 월별로 구체적인 계획까지 수립해야 성공적인 휴학이 되고 부모님도 설득할 수 있습니다. 저는 휴학 계획을 부모님 앞에서 PT할 수 있는 정도까지 준비해야 한다고 생각합니다. 그렇다면 부모님도 사회로 나갈 준비의 과정으로 1년은 기다려주실 겁니다.

한편 휴학을 하게 되면 졸업이 늦어져서 불안하다는 의견도 많은데요, 사실 1년은 긴 공백기는 아닙니다. 2년 이상이 되면 긴 공백기로 볼 수 있고, 나중에 면접에서 방어를 잘해야 하는데 1년은 쉽게 방어할 수 있습니다. 대신 상대방에게 필요한 목적으로 방어해야 합니다. 1년 늦는다고 해서 마이너스 점수를 부여하거나 하진 않습니다. 다만 상대는 그 기간의 목적이 무엇이고 그 과정을 거쳐서 어떤 준비를 했거나 역량을 키웠는지 알아보려고 합니다.

Q 8. 지난번에 서류는 통했지만 면접에서 떨어졌습니다. 같은 자소서를 그대로 내도 될까요?

같은 자소서를 제출했다가 탈락한 사례가 있습니다. 정답은 없지만 그래도 자소서를 가능한 고도화해서 제출하길 권합니다. 기업의 내부 상황에 따라서 여러 가지 변수가 있을 수 있습니다. 지난번에 서류에 통과했다고 해서 이번에도 무조건 통과될 거라는 법은 없습니다. 계속해서 다시 읽어보고 수정할 부분은 또 고치고 더 잘 쓸 수 있는 부분은 고도화해야 합니다. 특히 기업과 관련된 정보를 근거로 활용한 경우에는 분기나 반기라는 시간 사이에 변화하는 부분이 많기 때문에 잘 확인해야 합니다. 공채의 경우 상반기, 하반기 채용에 따라 거의 반년이라는 시간이 지나는 것입니다. 급변하는 변화의 시대를 기업이 더 민감하게 보고 대응하기 때문에 지원자도 같은 시각을 가지려는 자세가 필요합니다.

Q 9. 자신의 어떤 점을 강조하면 좋나요?

역시 정답은 없습니다. 다만 어쨌든 직무에 적합한 인재를 채용한다는 점에 집중할 때, 내가 제시하는 특성, 장점, 강점이 해당 직무에 필요한 것이어야 합니다. 또 그렇게 설득할 수 있도록 뒷받침하는 추가 문장 또는 발언이 중요합니다. 직무에 적합하다는 느낌을 줄 수 있도록 노력하고, 그 과정에서 상대방의 고개를 끄덕이게 만들어야 합니다. 그래야 당신의 평가표에 높은 점수가 기록될 확률이 높습니다.

Q 10. 최종 면접에서 떨어지면 다음 면접에서 제외한다는 말이 있던데 사실인가요?

기업에 따라 그런 경우가 있을 수도 있지만, 그건 취업준비생 여러분에게 중요한 정보가 아닙니다. 실제로 세 차례나 최종 면접에서 탈락하고 다시 최종 합격한 사례가 있습니다. 기업에 따라 '어떻다더라'라는 소문은 정말 필요한 정보만 참고하고 답이 없는 것은 관심을 줄여도 좋습니다. 이 책을 통해서 무엇이 중요한지 알았다면 그 부분에 집중하세요. 그게 더 현명한 방법입니다.

Q 11. 최종 면접에서만 세 번 떨어졌습니다. 왜 그럴까요?

나도 면접을 잘 봤는데 채용 인원이 적은 상태에서 다른 지원자가 면접을 훨씬 잘 본 경우가 있습니다. 이런 경우는 다시 준비해서 다음 기회에 면접을 잘 봐야 합니다. 하지만 이러한 이유가 아니라 자신도 모르는 부분이 해당 회사가 요구하는 가치적합성, 조직적합성, 직무적합성에 어긋나는 경우라면 그것을 빨리 찾아내야 합니다. 보통 자신은 잘 모릅니다. 직장생활 경험도 없고 자신도 모르게 반응하는 부분일 경우가 많기 때문입니다. 따라서 기존 최종 면접의 질문과 답변을 복기하고 전문가 혹은 직장생활을 하는 사람들과 함께 충분히 살펴볼 필요가 있습니다. 답변의 내용뿐만 아니라 말하는 방식, 반응성, 맥락적 분위기 등을 분석하며, 어떤 부분이 민감하게 작용했을지 잡아내야 합니다. 이때 본인도 솔직해져야 합니다. 자신도 인정하는 솔직한 반응성을 찾아내야 다시 한번 상대가 원하는 적합성에 다가갈 수 있습니다.

Q 12. 면접에서 답변의 길이는 어느 정도가 정당한가요?

면접관의 스타일에 따라 다르지만 그래도 단답식은 안 됩니다. 면접관은 질문을 통해서 지원자의 역량을 평가해야 하는 책임이 있으므로 지원자가 단답을 하면 계속해서 질문을 해야 합니다. 이런 식이라면 평가가 어려워지고 낮은 평가를 줄 확률도 높습니다. 4~5문장을 기본으로 질문의 내용과 면접관의 반응에 따라서 조절하길 추천합니다. 또한 면접의 맥락도 중요한데요, 면접의 초반이고 질문의 분류 측면에서 해당 분류의 첫 질문이라면 기회로 활용할 필요도 있습니다. 특히 면접의 초중반에 잘해야 합니다. 중후반으로 가면 면접관에게 이미 첫인상과 초중반의 답변 내용이 전달되었기 때문에 어느 정도 평가가 이루어졌을 가능성이 높습니다. 면접의 중후반부에는 기본 평가를 이미 마치고 조정할 확률이 높습니다.

Q 13. 면접에서 보여줘야 할 가장 중요한 덕목이 무엇인가요?

여러 가지가 있겠지만 '덕목'이라고 하면 저는 진실성, 진정성,

적극성을 뽑고 싶습니다. 진실성이 어긋나면 치명적이기 때문에 가장 중요합니다. 다음으로 진정성은 상대방도 사람이기 때문에 당신이 보여주는 진정성에 따라서 마음이 움직입니다. 상대의 마음을 움직일 진정성을 구체적으로 준비하면 좋겠습니다. 감동을 주려고 하거나 아부하라는 말이 아니라 당신이 준비한 노력을 강조해서 상대가 알아보도록 하라는 말입니다. 마지막으로 적극성입니다. 여러 번 강조했지만 상대방도 알고 있습니다. 당신이 이 일을 해보지 않았다는 것을. 그럼에도 불구하고 적극적으로 준비했고, 앞으로도 적극적으로 임하겠다는 모습을 보여주면 좋겠습니다.

Q 14. 지방 근무에 대한 질문은 어떤 답변을 추천하시나요?

대부분의 답변 내용은 '잘할 수 있다', '문제 없다', '자신 있다'입니다. 그런데 그다음이 없습니다. 자신의 주장을 뒷받침하는 내용이 주장 외에 별다른 근거가 없는 경우가 많습니다. 어떤 근거를 제시할지 준비해야 합니다. 예를 들어 해당 지역에 대한 인구 수, 특정 지명, 인프라 관련 정보 등을 제시할 수 있습니다. 이외에 관심을 갖고 준비한다면 근거로 제시할 수 있는 정보가 많습니다. 여기에 중요한 부분을 강조해 제시한다면 면접관의 고개를 끄덕이게 만들 수 있습니다.

Q 15. '휴학 기간에 뭐 하셨나요'라는 질문에는 어떤 답변을 추천하시나요?

이 질문에서는 관점이 중요합니다. 자신의 입장에서만 답변하면 휴학의 목적이 자신을 향합니다. 물론 자신을 위한 목적이 있겠지만 면접이라는 평가 자리에서는 상대방 관점으로 상대방이 원하는 목적을 제시해야 합니다. 가치적합성, 조직적합성, 직무적합성 측면에서 필요한 목적을 위해 휴학 기간 동안 도전하거나 노력한 점들을 말하는 편이 좋습니다. 지원자마다 무엇을 했는지는 다릅니다. 다만 상대를 위해서 했다는 목적을 먼저 강조하고, 말하는 내용에서 준비 과정에서의 노력이 전달된다면, 해당 질문에서 면접관에게 좋은 느낌을 줄 수 있습니다.

Q 16. 면접에서 역량과 관련된 스토리 외의 개인사를 이야기해도 괜찮나요? (우울증 극복, 체중 감량, 편입 등)

면접은 평가입니다. 내가 말하는 내용이 상대방에게도 평가 측면에서 중요할지 생각하고 답해야 합니다. 결국 지나치게 개인적인 이야기는 면접관에게는 중요한 내용이 아니며 평가에 도움이 되지 않습니다. 자신에게는 인생에서 큰 변화이거나 도전이었을지 모르지만 상대방에게는 그렇지 않습니다. 어떻게 전달하느냐도 중요하지만 그 전에 소재의 선택 단계에서도 이 부분을 고려해봐야 합니다.

Q 17. 낮은 학점에 대한 질문에는 어떻게 대응하는 게 좋을까요?

자신에 대해 묻는 질문 중에서 방어하기 어려운 질문에는 물론 방어할 내용을 준비해야겠지만, 먼저 인정하는 것이 우선입니다. 학점이 낮을 때는 사실을 인정하고, 그다음에 제시할 내용에서 무언가 자신을 어필할 부분을 상대와 연결하여 말해야 합니다. 만약 학점과 관련해서 더 이상 강조할 부분이 없다면 '대신에'를 찾아야 합니다. 학점이라는 결과는 좋지 않지만 과정에서 집중한 부분이나, 대학생활에서 입사를 위해, 직무 준비를 위해 구체적으로 노력한 부분을 어필해보세요.

Q 18. 다대다 면접에서 내가 하려던 답변을 다른 지원자가 했을 때는 어떻게 해야 하나요?

해당 질문에서 다른 지원자와 동일하게 답변하면 다른 지원자보다 높은 평가를 받기 어렵습니다. 물론 다른 질문들에 대해 답변을 잘했다면 해당 질문에서 같은 답변을 선택할 수도 있습니다. 하지만 순발력을 발휘해서 다른 지원자와는 다른 답변을 하길 바랍니다. 이때 순발력은 여러 가지 형태로 발휘할 수 있는데, 제가 추천하는 방법은 질문의 주제나 키워드와 관련해서 하위 요소로 분해하거나 상위 개념으로 다시 범주화해서 말하는 것입니다. 이렇게 하면 듣는 사람의 생각이 확장되는 방향으로 자극되어 다른 지원자 답변보다 차별성 있게 받아들일 가능성이 있습니다. 또 여러 가지 경우의 수로 나누어 말하는 방법도 좋습니다. 이와 같은 방법은 실제 조직에서 회의하거나 보고할 때 상사가 좋아하는 보고 방식입니다. 순발력을 키운다는 것은 짧은 시간에 사고력을 발휘한다는 말인데, 전략이나 기획 관련 서적을 학습하는 것도 좋은 방법입니다.

Q 19. 면접에서 정말 모르는 질문은 어떻게 대처해야 하나요?

우선 면접관의 질문을 다시 언급하면서 짧은 시간이라도 확보하고, 이 시간에 순발력을 발휘하길 바랍니다. '잠시 생각할 시간을 주시면 감사하겠습니다'와 같은 표현을 하고 시간을 확보할 수도 있는데, 주의할 점은 한 번 정도만 이 방법을 써야 한다는 겁니다. 너무 여러 번 그러면 면접관에게 좋은 인상을 주기 어렵겠지요. 만약 그럼에도 불구하고 모르는 질문은 솔직하게 인정해야 합니다. 하지만 그냥 모른다고 하지 말고 앞으로 알아보겠다는 태도를 포함해서 표현하면 좋은데요, '면접장을 나가는 순간 가장 먼저 찾아보고 앞으로 어떻게 더 알아가겠다'라고 말해보면 어떨까요.

Q 20. 다른 분야의 인턴, 현장실습 경험인데 면접에서 말해도 되나요?

기업이 선호하는 경험은 같은 분야의 조직생활 경험인데요, 기간이 길지 않아도 해당 경험에서 어떤 역량을 키우려고 노력했고 실제로 어떻게 했는지가 중요합니다. 정말 중요한 점은 기간보다는 목적과 태도인데요, 분야가 다르더라도 목적을 상대방이 좋게 평가할 만한 내용으로 언급하는 것이 중요합니다. 'OO 현장실습은 분야가 다르지만 제가 제조업이라는 영역에 진입하기 위해서 필요한 역량을 향상하기 위한 도전이었습니다. 같은 분야의 인턴이나 현장실습을 하기 어려운 상황이라서 같은 제조업으로 도전했습니다. 특히 이 경험에서 저는…'라고 상대방이 고개를 끄덕이도록 목적을 전제 형태로 언급한다면, 충분히 다른 분야의 인턴 또는 현장실습의 경험도 말할 수 있습니다.

Q 21. 정치적 관점이 드러날 수 있는 사회문제에 대한 의견을 말하라고 했을 때 어떻게 대응하면 좋나요?

사실 이런 질문은 질문 자제가 면접 질문으로는 적절하지 않다고 생각합니다. 하지만 취준생 입장에서 맞닥뜨리는 상황이라면 저는 상위 개념으로 범주화해서 말하거나 하위 개념으로 상세하게 구분해서 말하는 방법을 추천합니다. 이런 질문에서 옳고 그름을 말해버리면 방어하기 어려워집니다. 따라서 한쪽 방향으로 선택하는 답변보다는 해당 개념의 상위 개념, 예를 들어 특정 인물에 대한 의견이라고 하면 그 인물의 역할을 조직 측면에서 리더십이라는 상위 개념으로 답하는 것이지요.

Q 22. 기존 회사에서 1년 미만 근무하고 다시 신입사원으로 입사 준비를 하고 있습니다. 퇴사 사유를 납득시킬 방법을 알고 싶습니다.

보통 1년 미만의 경력은 인정하지 않습니다. 기업에 따라 차이가 있지만 경력사원의 경우 최소 2년 이상 혹은 3년의 경력부터 인정하고 채용합니다. 따라서 새로운 회사에 지원할 때 1년 미만의 경력을 기입하지 않아도 됩니다. 신입사원으로 지원한다면 다른 건 나중에 답하면 됩니다. 나중에 질문을 받게 된다면, 그때는 당연히 지금 지원하는 기업의 산업 분야 측면으로, 해당 기업의 강점 측면으로, 직무 측면으로 동기를 명확하게 밝히고 준비 과정을 체계적으로 답하길 추천합니다. 동료 또는 상사와의 관계가 힘들었다거나 어떤 문제가 있었다는 식의 답변은 하지 말아야겠지요.

Q 23. 면접 현장에서의 팁을 알려주세요.

대면 면접을 볼 때는 해당 회사의 건물에 들어서는 순간부터 나올 때까지 모두가 면접이며 평가입니다. 늘 담당자가 지켜보고 있다고 생각하고 행동과 태도를 주의해야 합니다. 화상 면접을 볼 때 역시 마찬가지입니다. 면접관의 얼굴을 응시하고 질문을 파악했으면 답변하면서 카메라에 집중해야 합니다. 물론 면접관이 나오는 화면을 계속 봐도 되지만 카메라를 응시하며 발언하는 것이 더 자신감 있고 상대에게 분명한 모습을 보여줄 수 있습니다. 메모장을 활용한다거나 주변에 포스트잇을 붙여서 발언에 참고하는 행위는 부정행위이기 때문에 삼가야 합니다.

면접 당일에는 마음가짐을 단순하게 해야 합니다. '준비한 대로만 하면 된다'라는 마음가짐으로 부담감과 긴장감을 누그러뜨리고 자신감 있게 최선을 다해야 합니다. 가능한 한 면접장에 일찍 도착해서 긴장을 푸는 것도 도움이 됩니다. 또 면접 현장에서 얼굴의 근육을 풀어주는 연습도 하면 좋습니다.

Q 24. 마지막으로 하고 싶은 말을 묻는 질문에는 어떻게 답변해야 하나요?

마지막에는 평가가 거의 끝난 시점입니다. 하지만 면접은 끝까지 잘해야 합니다. 다른 지원자와 비슷한 평가 수준인데 마지막 답변을 잘해서 당신이 합격선 안에 들어갈 수 있으니까요. 실제로 지원자의 평가가 어떤 경계에 있는 경우에는 지원자가 나가고 면접관끼리 상의를 하는 경우도 있습니다. 따라서 마지막 답변까지 최선을 다해야 합니다. 그런데 이때 답변의 내용이 이미 말했던 것, 뻔한 말, 좋아 보이는 말은 점수가 없습니다. 이때 추천하는 답변의 내용은 이성적인 내용보다는 진정성 있는 내용입니다. 이 자리에 오기까지 노력의 과정을 진정성 있게 표현하고 앞으로의 의지를 확고히 표현한다면, 면접관의 고개를 조금이라도 끄덕이게 만들 수 있지 않을까 합니다.

Epilogue
에필로그